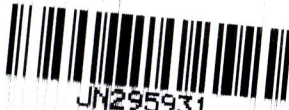

キレやすい子への
ソーシャルスキル教育

教室でできるワーク集と実践例

本田 恵子

ほんの森出版

はじめに

前著『キレやすい子の理解と対応』（ほんの森出版、2002年）を出版してから、クラスで使えるワークや教材開発への要望が多く寄せられました。また、ここ数年、各地の教育委員会から「アンガーマネージメント」についての研修依頼が増え、学校で先生方と一緒に授業をすることも増えています。

事例検討や学校の様子をうかがう中で、一部の子が突出していた1990年代の学級崩壊や校内暴力などとは異なり、子どもたち全体にソーシャルスキルが育っていない様子が見えてきました。ちょっとしたストレスに耐えられない子、ケンカの仕方を知らない子、遊びといじめの境界を理解できない子、自分が傷つくことをこわがり人との接触を避けようとする子、子どもの行動が変化しているようです。自然な感情の流れや自然な人間関係が発展していかないのはなぜなのでしょうか？　また、授業中に元気があるのはいいのですが、授業と関係のないおしゃべりが止まらなかったり、教室移動もおしゃべりが高じて遅れてしまったりする子も見られます。彼らは、指導を受けたときは素直に聞き入れますがすぐにまた同じ行動をするため、先生方が子どもの変化に適応できず、逆ギレしてしまったり、「何がどうなっているのかよくわからない」と元気をなくしてしまう先生もいます。

このような学校現場の状況を踏まえ、著者は『キレやすい子の理解と対応』と併行して「脳科学を生かした授業づくり」に取り組むようになりました。行動を決める基盤であり、感情や認知をつかさどる脳の働きを理解した上で、児童・生徒が自主的に参加する授業をつくっていこうという先生方を支援するためです。ストレスをためていた子どもたちは、自分たちが授業で主役になれると、自己コントロールや他者への思いやりの心を身につけ、自らの言動に責任をもち、協力し合ってクラスづくりをし始めます。彼らの中には、「キレやすい」のではなく「つながること」を学んでいない子どももいました。そこで、本書は、支援の対象者を学級全体の児童・生徒に広げ、「キレにくい子」を育てるソーシャルスキル教育について紹介していきます。

１章では「ソーシャルスキル」とは何かについて概説し、「キレやすい」ことと「ソーシャルスキル」の関係についての理解を深めます。２章では、予防・啓発活動のプログラムやワークシート、教材などを紹介します。同時に、どのようなクラスにどのようなワークが適しているのかについてのアセスメントの方法や、年間のプログラムの立て方について説明します。３章には、本書で紹介したワークシートや教材を用いた実践事例を紹介しています。

本書を読まれた方が、ソーシャルスキルとは何かについて理解を深め、日常生活や学級経営で活用してくださることを願っております。

2007年６月

著　者

もくじ

装幀・本文イラスト／横　春賀

第1章

なぜキレやすくなるのか

①感情の分化

②自分の感情の理解

③表現する方法

④相手の感情の理解

1　キレるとは

❶　キレるとは

学校や家庭で「キレやすい子」への対応に困っているという相談をよく受けるようになりました。また、警察関係の方からは、「非行少年の様子が以前とは変わっており、一人ひとりの少年ともつながりにくいし、たむろしていてもばらばらな感じがする」という声が聞かれます。この「つながりにくい」という傾向は、子どもたちのみならず対応している先生や保護者にも広がっているようです。「キレる」以前に「つながり方を知らない」のです。

まず、「キレる」という言葉の意味から考えていきましょう。「キレる」には、２つの意味があると筆者はとらえています。

１つは、なんらかの理由で自分の感情が平常の活動を続けられなくなった状態、つまり、自分の感情・思考・行動をコントロールできない状態です。これは、脳の機能と密接に関係していますので、第２節で子どもたちの脳がどのように変化しているのかについて解説します。

もう１つは、自分の感情や行動をコントロールできないため、人間関係がキレてしまった状態です。こちらは、ソーシャルスキルに関係する要因です。つながりたい気持ちがあるのに、つながる手段を学んでいないか、不適切なつながり方しか学んでいない（支配、被支配など）ことが考えられます。本来なら子どもたちは幼児期から家庭の中で自然に学んでいたはずのことが、少子化や核家族化が進む中で、学べなくなっている可能性があります。これについては、第３節で子どもたちのソーシャルスキルの発達をとおして考えたいと思います。

❷　アンガーマネージメントとは

⑴　アンガーマネージメントの意味

「アンガー」とは様々な感情が混濁した結果生じる衝動的なエネルギーである、と筆者は考えています。単なる「怒り」ではなく、悲しみや悔しさや苛立ち、焦燥感、嫉妬など、いろいろな気持ちを含んでいます。

アンガーマネージメントとは、この行き場のないエネルギーが衝動的に暴走しないよう、行動を自らの意思でコントロールすることです。怒りを抑え込むことではありません。感情は自然なものですから、表現してOKなのです。アンガーマネージメントが目指しているのは、自分が「何を感じているのか」「それは誰に向かっているのか」「どの程度のものなのか」について的確に理解した上で、自分の意思で行動を決め、正しい形で実現し、さやに収めることです。

子どもたちに「アンガーマネージメント」を行うときは、「キレる」ことの意味を伝えることから始めます。同時に、「怒ったり、泣いたり、悔しくなったり、うれしくなったりする感情は自然のものであるから出していいのだ」ということも伝えます（拙著『キレやすい子への理解と対応』ほんの森出版、2004）。日本には「怒り」や「嫉妬」などネガティブな感情は出してはいけないという風潮があるので、マネージメントと聞くと、「がまんの練習」ととらえてしまう方がいるからです。

「アンガーマネージメント」が目指しているのは、子どもたちが「自分の感情」に気づき、「自らの意思でコントロールできる」「自分らしい表現方法」を身につけることです。私たち教師の仕事は、そうして友達や家族との人間関係をつむぎ直す作業をお手伝いすることなのです。

⑵ アンガーマネージメントにはどのようなものがあるのか

図１は、アンガーマネージメントの一連の流れを表したものです。第１段階の啓発教育、第２段階の危機介入、第３段階の個別対応プログラムの３つに分かれます。

啓発教育の対象者は、生徒および教師全員です。目的は、健康な心やソーシャルスキルを育てることによって、いじめや暴力、非行などを予防することです。

啓発教育では、「自己理解」「自己表現」の後に「他者理解」「相互理解」へと進みます。

まず、「自己理解」では、「怒りとは何か」という定義から始まり、感情を育てたり、表現したりするプログラムが始まります。ここでは、感情は自然なものなので、外に出して大丈夫だということを確認した上で、適切な感情表現の方法を学んでいきます。詳細は、第２章にあります。

大切なのは、漠然とした気持ちを分化してとらえられるように、言葉や絵などに変える支援をすることです。具体的に理解できる言葉（「私は、おもちゃを壊されたことが悲しい」など）や絵（表情ポスターや表情カードを用いたり、自分で絵にしてみるなど）になれば、誰に対して、どのような気持ちを表現したいのかがわかるからです。自分の気持ちを自分で理解して行動を決めることができるようになるのが、啓発教育での最初のステップになります。

自分の気持ちがわかるようになったら、「自己表現」に進みます。**アサーション・トレーニングや非言語的な表現（ノンバーバルコミュニケーション）**など、言語と非言語の様々な対応の方法を学んでいきます。

その後、「他者理解」へと進み、人の話を的確に理解する力や話の背景を思いやる力などを学びます。他者理解において、友達づくりに関係する仲間入り、仲間の継続などの様々なコミュニケーションスキルも学んでいきます。

最後の「相互理解」では、「対立解消」に入ります。子どもたちが自分の気持ちを理解して表現できるようになると、意見が対立することが増えるからです。自分とは異なる意見

図1　アンガーマネージメントの一連の流れ

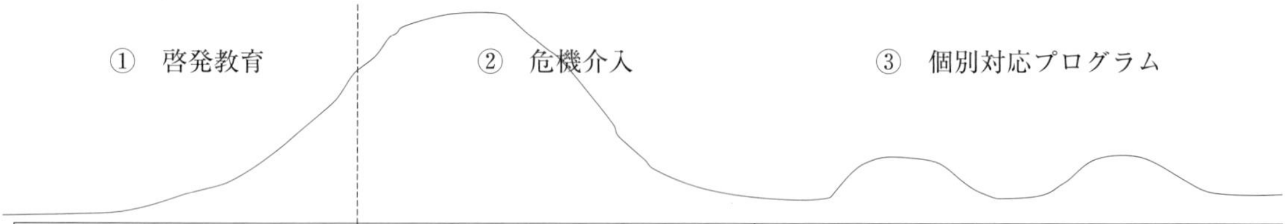

HR・教科での教育	「いじめ」「暴力」現場での対応	個別アンガーマネージメント
生徒全体へ 　道徳・学級活動など ①「怒り」の理解 ②「感情の発達」教育 ③「いじめ」「暴力」とは何か？　の啓発 ④「ソーシャルスキルラーニング」 　☆ストレス耐性 　☆アサーション 　☆上手なことわり方 　☆危機の対応スキル 　☆対立解消スキル 　☆ピア・サポート 　☆ピアプレッシャー	アジテーション時の対応 （はやしたての時期に挑発を抑える・応援の要請） いじめ・暴力を受けている生徒への介入 　挑発にのらない 　状況の把握 　助けを求める 発見した生徒・教員の動き 　状況の把握 　可能な場合は介入・ブザー 　教員・応援を呼びに行く 教員全体へ 　行動を制する方向で対応 　対応の可能性の見極め	いじめ・暴力を繰り返す加害者への個別アンガーマネージメント 　☆いじめ・暴力の背景の理解 　　学業からのストレスは何か？ 　　対人関係でのストレスは？ 　　進路上のストレスは？ 　☆怒りの出し方・コミュニケーション方法等で、学習できていないことは何か？ 　☆発達障害や精神疾患の診断 いじめ・暴力を受けやすい生徒へのカウンセリング・対応力の育成 　☆なぜ受けやすいのかの査定 　☆セルフエスティームの増進 　☆友達のつくり方、ソーシャルスキルの習得
学校全体へ 　行動規範の設定 　☆暴力・暴言への対応システム整備 　☆全校での組織づくり	ピーク時の対応 （いじめ・暴力が過激になっているとき） 　けがの程度の確認・加害者と被害者の分離 　観衆の移動・応援の依頼など 　状況により、警察と連携 　外部専門機関への連絡	対立している者同士の対立解消 　限界設定：対立解消するまで、面接以外で接触しない約束 　対立の原因の理解 　ピア・カウンセリング
地域へ 　地域の安全の確保 　地域の関係機関（警察、相談室、児相、児童館等）との連携	小康状態 何が生じたのかをディブリーフィングする 　対象生徒の状況把握 　　（心理的、身体的） 　他の生徒への対応 　　（いじめ・暴力の被害・心的影響の把握） 　保護者への連絡対応 　翌日以降の対応協議 　教職員の気持ちの整理	学級・学年の他生徒への対応 　危機介入方法の伝達 　不足している共感性 　ソーシャルスキルの育成 学内の体制づくり　→啓発へ

を聞き、お互いが納得のいく解決方法をさぐるのが「対立解消」です。ここに、**ピア・サポートやピア・ミディエーション、コンフリクト・レゾルーション（対立解消）**などの方法が入ります。これができるようになると、仲間関係は発展します。

最後に、危機的な場面に遭遇したときにどうすればよいのかについての知識と訓練をしておきます。例えば、友達が恐喝されているところに遭遇した場面、クラスメートが教室で物を壊している場面などでどう対応したらよいかを知っていれば、状況を悪化させる刺激を相手に与えることが少なくなり、対応しやすくなるのです。

近年、学校全体や行政区単位でソーシャルスキルの向上に取り組む動きが出始めています。道徳の時間や学級活動だけではカバーしきれない内容なので、カリキュラムとして組み込むために、国語（文章の理解力、話の聞き取り能力、表現力など）、社会、学級活動や総合的な学習の時間、体育（ストレスマネージメントやソーシャルスキル）などの時間を利用して、年間のスケジュールを立てて実施しているところが増えています。具体的なプログラムの進め方は、第３章にあります。

第２段階の危機介入では、子どもがキレている現場やキレた直後にどうしたらよいかについて考えます。ケンカをしている、暴力を振るっている、暴言が止まらないなどの場面では、その子どもがどのようなときに困った行動が変化したのかを観察し、行動緩和が促進されるきっかけを理解しておくことが大切です。行動は「感情」（どのような気持ちがあるのか）、および「認知」（その場面をどのように理解しているのか）の働きによって決まります。そのどちらに働きかけたらよいかを素早く見立てる必要があるのです。

対応は、

① 不快刺激の排除

② 何が生じたのかの整理

③ 気持ちの受容

④ 具体的な表現方法や解決方法を探す

と進みます。

勉強のことで苛立っているのであれば、教科書や問題用紙は伏せたりしまったりして、目の前からなくします。ケンカしているのであれば、落ち着くまでは相手を引き離してお互いが見えない場所で話をします。

第３段階の個別対応プログラムは、いじめや暴力、非行などを繰り返し起こす児童・生徒に対して行うものです。対応のポイントは、図２のように、自分がなぜキレてしまうのか、なぜそのときに不適切な行動をしてし

図２　行動変容が生じるまでの流れ

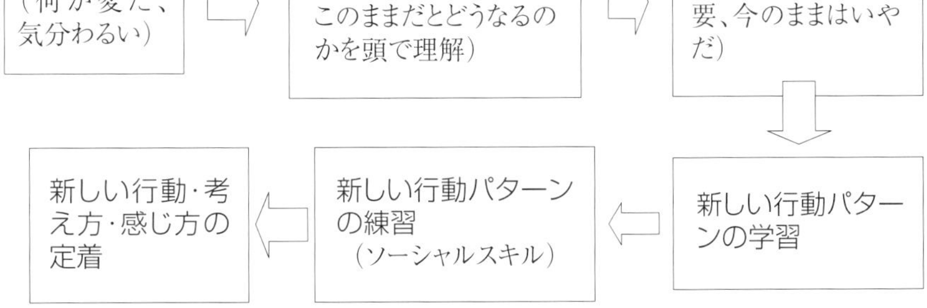

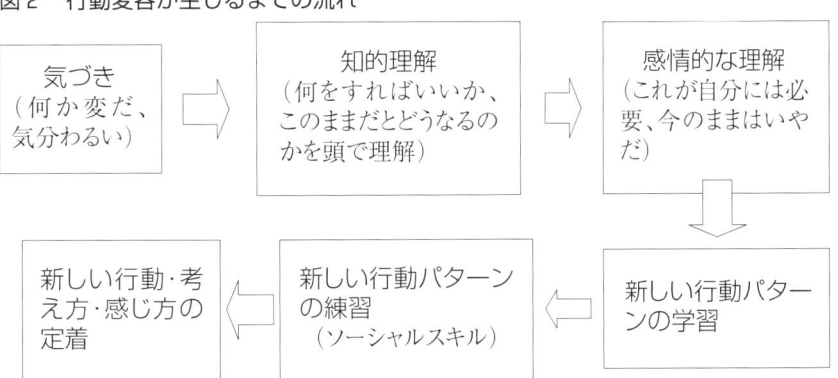

まうのかについての「気づき」から始めることです。

この段階がもっとも時間がかかります。不適応行動を起こす児童・生徒は、原因は他者にあると思っているため、自分自身の課題に直面したがらないためです。このときに重要になるのが、矯正教育で活用されている「直面化面接[*1]」や「生活場面面接[*2]」などの手法になります。

自分の課題に気づいたら啓発教育のステップと同様に「自己理解」「自己表現」「他者理解」「相互理解」へとプログラムを進めていきます。

啓発教育と異なるのは、構造化された（一定のルールがある）場面で短期間に実施することです。通常は、１週間に２～３回の面接を行い、１か月から３か月の間に15回から30回のプログラムを終了させます。進め方の詳細は『キレやすい子への理解と対応』（拙著、前掲）を参考にしてください。

❸ 反社会的行動とは

社会的行動には、

① 反社会的行動

② 非社会的行動

③ 向社会的行動

の３つがあります。

アンガーマネージメントによって予防しようとしている反社会的行動とは何かについて、考えてみましょう。

反社会的行動は、社会のルールや規範に反する行動をすることです。ここには、２通りの背景が考えられます。１つは、社会性が未発達なために、自己中心的な思考から脱却できず、自分の欲求を押し通そうとするものです。

こうした背景を持つ人は、ストレス耐性が低いために、欲求と折り合いをつけて先延ばしにすることが苦手です。自分の欲求充足を妨害するものは敵とみなすので、攻撃対象、あるいは無視の対象になります。暴力やいじめ、授業からの逸脱などです。このタイプの生徒は、積極的に周囲がかかわり、社会性を育てることで向社会的行動を促進できます。

もう１つは、社会の規範は理解しているけれども、納得がいかないために、積極的に規範に反する行動をしたり、規範そのものを壊そうとするものです。暴言、暴力、非行や怠学などが含まれます。暴走族、非行集団、特殊な宗教や思想団体などが過激になると、自分あるいは自分たちの論理で成り立つ社会をつくりあげてしまい、通常の社会を敵とみなして攻撃する場合もあります。

❹ 非社会的行動とは

非社会的行動とは、規範やルールが必要になるような人間関係や組織などから、例えば引きこもりのように意図的に遠去かることです。非社会的行動をする子どもには、物理的・心理的両面で社会に所属していない場合と、物理的には所属していても、心理的に所属していないタイプとがあります。

物理的な所属とは、学校に通っている、仕事をしているなどです。心理的に所属しないというのは、その社会で他者と関係を持とうとせず、人間関係を築くことから逃げることです。どちらの場合も、社会の規範やスピードについていけず、自分が安心できる楽な世界に逃げ込むという特徴があります。

非社会的行動をとる子どもには様々なタイプが見られますが、代表的なものとして分離不安や対人不安が強いタイプの不登校、および社会における傷つき体験からの逃避としての不登校があります。このほか、最近の傾向としての浮遊型の不登校があげられます。

最後の浮遊型は、アイデンティティが未発達なので、自主性や社会生活に対する興味関心が低いタイプです。誘われれば外に出るけれども、１つのことに没頭したり、深い人間関係を築いたりしようとはしません。また、規範意識が低いので、不登校であることに対する罪悪感が生じません。昼夜逆転していても、勉強しなくても、葛藤することなく家庭生活を過ごします。このタイプは、不登校が長期にわたると、アイデンティティの危機を引き起こすことがあります。

日本の引きこもり人口は100万人近いと言われます。彼らの中には、精神疾患のために外出できなかったり対人関係が築けない人もいますが、自分の意思で引きこもっている人も少なくありません。

後者は、家の中では家族と一緒に食事をしたり交流したりしながら日常生活を普通に過ごしています。無理に学校に行かせたり、仕事をさせようとしたりしても、本人が動かないため、親もこのままでよいと思っている場合が少なくありません。特に、親が生活支援できる引きこもりの場合は、非社会的な生活を続けることが可能だからです。

❺　向社会的行動とは

これは、社会に所属し、関係性をつくったり継続したり発展させたりする行動のことです。子どもたちが休み時間に校庭にいる場面を想像してみてください。向社会的行動をしている子どもたちは、遊べる相手を見つけてその近くに寄っていったり、何をするかの相談をしたり、もめごとがあっても話し合って解決しようとしたりします。自分の居場所を自分にとって心地よい状態にするために、他の子どもとの関係性を発展させながら解決していける力があるためです。

では、向社会的行動ができるためには、ど

図３　向社会的行動が生じるまでのプロセス

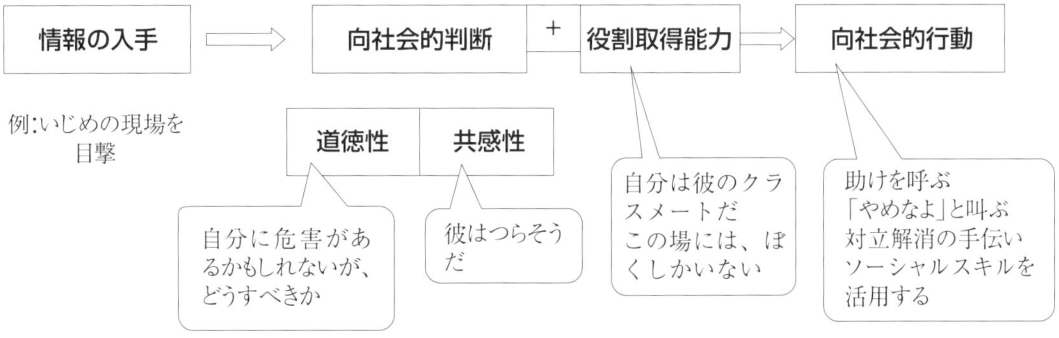

のような力があればよいのでしょうか。図3は、向社会的行動が生まれるまでのプロセスを示しています。様々なストレス場面に出合ったときに、それをどう認識するかについては、「向社会的判断」が働くことが重要です。「向社会的判断」とは、場面の全体像を冷静に認識すると同時に、相手や出来事に対して共感的な理解ができることです。この「共感性」が向社会的行動には、欠かせない要素です。共感性が働くためには、自分の気持ちや考えがはっきりとわかっていると同時に、相手の考えや気持ちを理解できる力が必要になります。主観的にとらえがちな場合は、ある出来事だけを過大視していて気持ちが高ぶったり、落ち込んだりしがちだからです。

例えば、「自分は歌を歌いたくない、だから歌わない」というのは、社会性が育っていない子どもです。「自分は歌を歌いたくないけれど、ルールだから歌う」。これは、ルールは守っていますが、叱られないためですので、向社会的行動にはなっていません。「自分は歌いたくない。でも、みんなは楽しそうに歌っている、どうしてだかよくわからないけれど、とりあえず一緒に歌ってみようか」。これは、向社会的行動の初歩段階です。「自分は歌いたくない。でも、みんなとは楽しく一緒にいたい。どうしたらいいかわからないので、誰かに助けを求めてみよう」。これも向社会的行動です。

向社会的行動を起こすには、「社会に所属していたい」という社会性の欲求が育っていないと難しいことを忘れないでください。「ルールだから」「みんなができているから」という一方的な指導をすると、社会性が育っていない子は、「めんどうだからいい」となりますし、反抗心が強い子は、自分を縛るルールを破壊する方向に進んでしまう可能性があります。道徳性と役割取得能力の発達については、第3節を参照してください。

＊1　**直面化面接**　自分の課題に気づくための面接。アンガーマネージメントでは必須。本人が自分で気づいてはいるけれども認めようとしていない場合と、他者は気づいているが本人は気づいていない場合とがある。

面接中、クライエント側は、問題から目をそらそうとしがちであったり、問題に気づいたとたんに行動化したりする可能性があるため、安全な場所や支援してくれるスタッフを配置しておく必要がある。また、面接者はクライエントの心的状態を十分に把握しており、共感性を持った状態でクライエントに現実を直視する支援ができる理論的理解と技法を修得している必要がある。

＊2　**生活場面面接**　問題行動が生じたその場で介入する面接方法。少年院や非行少年への補導、学校での生活指導の現場で実施されることが多い。自分が行った行為や言動を客観的に見つめさせ、なぜそうなったのかの背景を理解し、誤った表現方法をしていることに気づかせる。繰り返して行うことにより、本当に伝えたいことが何かを理解し、正しい方法をその場で実践できるように支援する面接方法。

2　欲求と表現のメカニズム

❶　脳の働きとキレ方の関係

子どもの脳が右脳中心になってきていると言われます。では、右脳、左脳の働きはどうなっているのでしょうか。脳の働きはまだ完全に解明されているわけではなく、個人差もあるでしょうが。

図４は、脳の機能を簡略にまとめたものです。

右脳は主に、直感的、感覚的な機能を果たします。情報を入力する手段として目や耳からの刺激をとらえ、映像や音として把握します。また、場面を見たり聞いたりしたときに右脳の働きは、漠然と全体を把握したり、様々なものを同時に処理するランダムな思考をするという特徴を持っています。右脳が優位な子どもは、感受性が強く、気持ちをすぐに表情や行動に出したり、おしゃべりも大好きで、乗りやテンポのよい話し方をしたりする傾向があると言われます。

一方、左脳は、思考や行動をコントロールする「言語」「理性」の機能をつかさどっています。したがって、左脳型の子どもは、見たり聞いたりしたことの一部を詳細にとらえることができ、すぐれた観察力や分析力を持っています。彼らは、言いたいことをまとめてから話したり、文章で表現したりするほうを好むようです。

例えば、学校から帰って「今日、学校どうだった？」と聞いても「うーん。楽しかった」で終わってしまう子は右脳タイプに多いようです。頭の中には映像がたくさんあるのですが、どれかを選ぶには、左脳の働きである価値判断や論理的思考が必要になります。詳細を聞こうとすると、「うーん、わかんない。いいじゃん、楽しかったんだから」という具合に片づけようとしたり、感情的になるとうまく自分の気持ちを言葉にできなかったり、論理的な解決策がわかっても感情的に納得するのに時間がかかったりすることもあり

図４　脳の機能の略図

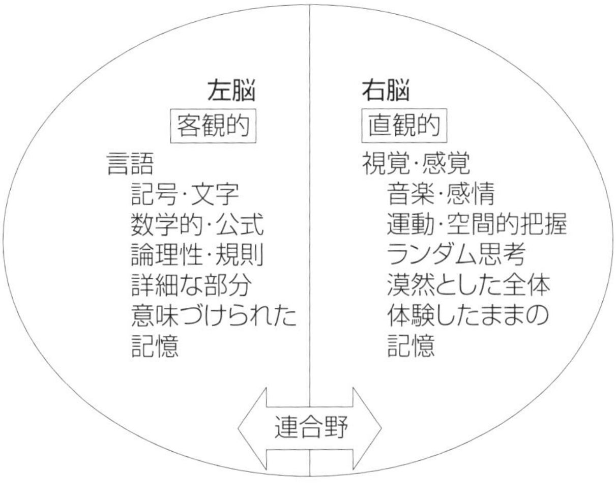

ます。

一方、左脳の発達が活発な子どもの場合、見たり聞いたりしたものを「言葉」にして理解しようとするようです。場面を詳細に記憶し、規則にあてはめて行動を判断したり、論理的に説明しようとしたりします。非常に客観的に判断でき、価値観もはっきりしています。表情や抑揚より言葉そのものに反応したり、納得しないと言葉の意味にこだわってしまったり、内容の論理性に注目がいくので、情緒の交流が難しい場合もあります。

では、右脳中心の子どもと左脳中心の子どもが同じ場面を見たときに、どのような違いが現れるかを考えてみましょう。

上の絵を見てください。

教室に、男の子３人と女の子１人がいます。男の子１人は、ほうきを頭の上に振り上げており、その横にいる男の子は頭を押さえています。また、もう１人は、教室の後ろから廊下に出ようとしています。女の子は、泣いています。

この状況を見て、右脳中心の子の場合、自分の直感的な判断で「男の子が女の子をぶって、女の子は泣いている」と判断するかもしれません。あるいは、「男の子２人がケンカをしているので、女の子が泣いている」と判断するかもしれません。一方、左脳が中心の子どもの場合、「何て言っているの？」と言葉を聞いてきたり、「この子は、頭を押さえているでしょ。きっとたたかれると思って頭を押さえているんだよね。でも、このほうきを持ってる子は、女の子のほうを見てるよ。どうしてだろう？」と考えるかもしれません。

このように、同じ刺激を与えても、右脳タイプか左脳タイプかで、表現として現れることがらは変わってくるのです。

⑴　右脳が優位でキレる子のメカニズム

右脳が優位な子は、直感的・主観的な事実のとらえ方をしがちです。まず全体の様子を映像や音や雰囲気で漠然ととらえることを優先し、前後関係や背景（理由）などを正確に理解するのはあまり得意ではないようです。

右脳が優位な子どもたちには、以下のような特徴があります。

★自分の気持ちを言葉にしにくい
★感情を整理するのが苦手
★状況の前後関係が整理できない
★考えがあちこちに飛ぶ
★いやな経験は、エピソードとして言葉や映像や感覚に結びついて忘れられない

このタイプの子どもがキレると、「まったく、ムカつくんだよな！」と言いながらどすどすと廊下を踏みしだいたり、壁をたたいてまわったり、目についた刺激に対してまた行動化したりします。荒れているときには、ほとんど「言葉」は発していませんし、その間の記憶は漠然としていてあちこちに飛びますので、後でなぜそのような行動をしたかを聞いても答えはあいまいです。授業中にふらっと外に出てしまうのも、このタイプの子です。

「つまらない」と感じると身体が勝手に動きだします。教室を出る前に先生が制止の声をかければ、とどまることもあります。また、そちらのほうを向いて「うぜーんだよ」「うるさい」と言い捨てて飛び出す子もいるでしょう。彼らは、判断し選択して動いているわけではありませんから、廊下に出てもどこに行こうとか何をしようとか決めてはいません。ふらふら歩いているうちに、廊下で座って話し込んでいる友達に出会うと、そこに誘われて座り込みます。声をかけられなければ、保健室や職員室など、目についたところに入ってしまうわけです。何がしたいかわからずに非行や逸脱行動に入ってしまいますから、抜け出すのにも時間がかかります。

行動をコントロールするには、左脳による意思のコントロールが不可欠なのです。「キレている」状態では、右脳タイプは、ひどく興奮してかっかしていたり、さーっと血が引くように何も感じられないような状態だったりします。

興奮状態なので、見ているもの聞いているものなどをさらに主観的にとらえがちになります。その結果、状況判断が主観的になり、意思のコントロールを逸脱した言語や行動が続いてしまうのです。同じ「キレている」状態でも「頭が真っ白」の場合は、感情が機能していません。音からは抑揚が取り去られ、目に映るものはまるで白黒テレビのように無機質に感じられます。この状態では、他者を思いやったり温かみのある言葉を発したりすることはできません。自分の心は冷え切っているので、発する言葉は相手も自分も凍りつかせてしまうのです。

こういう場面では、キレている子ども自身がとても苦しいのだということをご理解ください。子どもたちをキレにくくするためには、まず、脳の働きを理解して、右脳左脳の働きをバランスよく育てることから始める必要がありそうです。

⑵ 左脳が優位でキレる子のメカニズム

左脳が優位な子には、次のような特徴があります。

★客観的・冷静に物事を見てはいるが、一部を細かく見るためにこだわりが強い
★自分なりの論理性を持ち、言語も豊かなために、言葉や論理で相手を切っていく
★相手の気持ちや場の雰囲気を読み取ることが苦手

ほかにも、気持ちを感じることそのものが苦手、ものごとを一対一対応で理解、言葉や論理的に納得するまでは行動変容が困難（固まる）、言葉を字義どおりにとってしまい、言外の意味や余韻がわからない、などの特徴があるようです。

このタイプの子どもがキレると、鋭い言葉でからんできます。自分の論理にもとづいて気になる部分について語り続けたり、要求を通そうとしたりします。視野が狭くなっているので、話がかみ合わず、事実を確認するのに時間がかかります。先生や友達の言ったひとことが気になり、その場面を自分で何度も思い出していやな思いをしたり、「あいつはイヤなやつ」と決めつけることで切り捨てようとしたりします。

⑶ なぜ、右脳型の子どもが増えているのでしょう

脳は、８歳から10歳でほぼ完成されます。それまでにどのような刺激を受けるかによって、発達する部位のバランスが異なってきます。例えば、文字に多く触れるように育て、論理的な言葉がけや規則をきちんと教えることは、左脳の発達を促すようです。一方、視覚や聴覚への刺激を多く受けた子どもは、右脳の発達が優位になります。生まれたときから家庭にはカラーテレビや、スイッチひとつで動く家電製品、コンピュータゲームがあり、現代の子どもたちは右脳を刺激されやすい環境にあります。

また、電子計算機や電子辞書が開発されていますから、文字のルールを学ばなくても辞書を引けたり、シミュレーションの世界でスポーツができたり、自分の好きな世界が展開したりします。言語の発達が遅れている要因には、本を読む機会が減っていることもあげられます。調べ学習をする場合も、本よりインターネットを多用し、写真とその短い説明

文ですませがちになり、さらに、余暇も本よりはアニメや漫画です。

このような中で、学校、塾、おけいこ、遊びと忙しく生活する子どもたちの脳は、短い時間で常に多量の情報を処理しているためにデジタル化されやすくなり、１つ１つの出来事に最初から最後までじっくり取り組むというプロセスが軽視されがちになります。

このように、右脳が刺激されやすい環境の中で身体的な成長が進んでいる一方で、言語や論理性を働かせる左脳を刺激する機会は減っています。したがって、身体のめざましい成長をコントロールする意思や気持ちを表現する言葉の発達が不足している子どもが増えているようです。

❷ 欲求の種類と表現方法

同じストレスを受けても、ストレスに上手に対応できる子と、ストレスに弱く、自分の欲求をコントロールしにくい子では、脳の働きや発達にどのような違いがあるのでしょうか。

図５は、個人の欲求や感情と社会からの規制がバランスを保つための心のメカニズムです。

まず、自分が何をしたいのか（感情・欲求の質）、それは誰に向かっているのか（方向）、どのくらいやりたいのか（量）を客観的に認知する力がある場合、図５の右側に記したような「適応行動」あるいは「向社会的行動」をとります。この場合は、ストレスがあっても上手に解消されているので問題行動は生じません。これができるには、左脳の働きである「言語」「論理的思考」「物事を詳細に記憶する力」が必要になります。

しかし、欲求や感情は抽象的なものであるため、左脳が充分に活性化していない場合には「言語」として認識できません。

「何に怒っているの？」と聞いても「ムカついてるんだよ！」「うぜーんだよ！」「知るかよ。くそばばあ！」という答えが返ってくる場合、彼らには自分の感情や欲求が何なのか言語化できていない場合が多いのです。複雑に絡み合ったストレスから生じる生理的反応により、身体は熱く、息苦しくなり、動悸は激しく、汗も出ます。その不快な生理的反応にさらに刺激を加えてしまうと、「引きがね」が引かれて爆発します。いったん爆発した後に「いったい何があったの」と聞くと「わかんねー。ただ暴れたかった。暴れたらすっきりした」と言うものの、表情はどこか苦しそうなのです。

「キレやすい」と言われる子どもたちは、実は、とても傷つきやすく、自分の気持ちを表現するのが下手な子が多いようです。「何がしたいのか」「何を伝えたいのか」はよくわからないけれど、かといって周囲から決められたことを行うのはいやなのです。彼らは自分の「自立心」や「自尊心」は大切にしてほしいのですが、自分の気持ちを相手に的確に伝える方法を学んでいません。また、気持ちを言葉にするためには、自分の気持ちをまず「抱える」ことができるストレス耐性が育っていなくてはならないのですが、これも苦手です。

では、自分の欲求を言語化できていない子どもに、どのように対応したらよいのでしょ

図5　欲求と表現方法

ストレスをコントロールできないと、私たちはこんなことをしています

①　気持ちを抑え込む
出さないようにする（出すのがこわい、出してもわかってもらえないとき）

②　避ける
あきらめる、逃げる、寝るなど（自分には解決できないと思うとき）

③　代わりのことをする
物に当たる、食べ物（バリバリかじる、甘いものを食べるなど）で代用

④　人に気持ちをなすりつける
例）イライラした気持ちをヤツアタリ的に訴えて、相手を落ち込ませたり逆切れさせたりする

⑤　忘れる
気持ちを抱えるのが苦しいので、関係ない、なかったことのように忘れようとする

⑥　思い込む
自分が傷つかないように「きっとこうに違いない」と理由をつける

⑦　子ども返り
退行現象で、自分がより安全だったときの年齢に戻ろうとする（爪かみ、依存など）

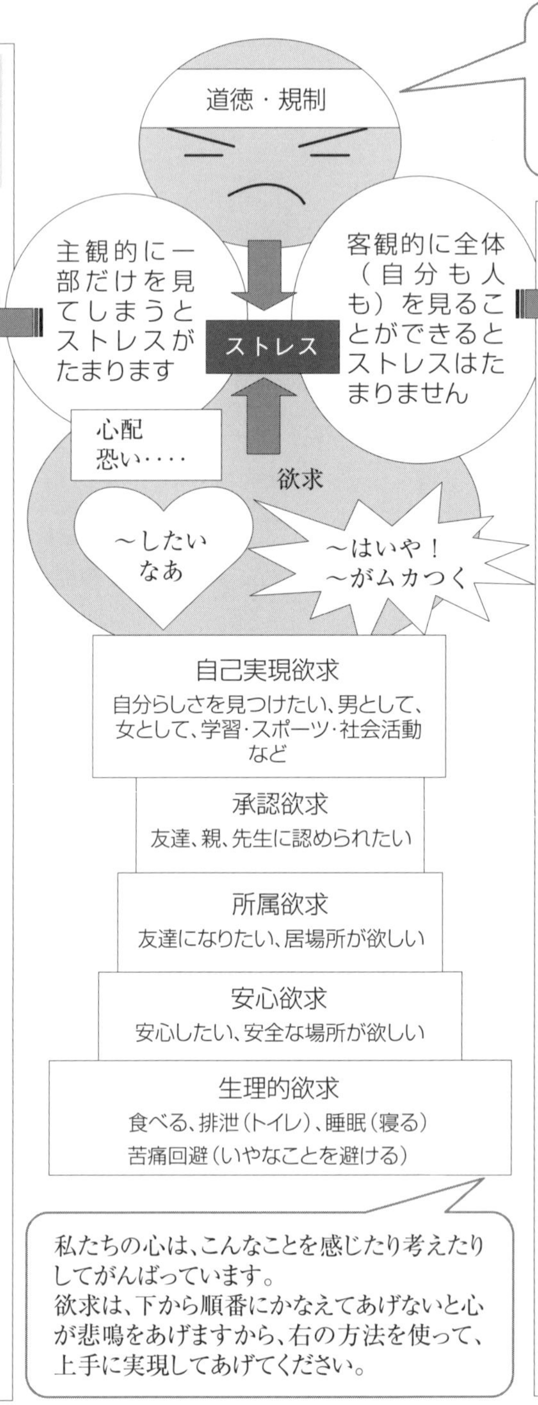

～すべし！
これが、当たり前！
それは、だめ！
中学生でしょ！
女（男）の子でしょ！
道徳・規制
主観的に一部だけを見てしまうとストレスがたまります
ストレス
客観的に全体（自分も人も）を見ることができるとストレスはたまりません
心配
恐い・・・・
欲求
～したいなあ
～はいや！
～がムカつく
自己実現欲求
自分らしさを見つけたい、男として、女として、学習・スポーツ・社会活動など
承認欲求
友達、親、先生に認められたい
所属欲求
友達になりたい、居場所が欲しい
安心欲求
安心したい、安全な場所が欲しい
生理的欲求
食べる、排泄（トイレ）、睡眠（寝る）
苦痛回避（いやなことを避ける）
私たちの心は、こんなことを感じたり考えたりしてがんばっています。
欲求は、下から順番にかなえてあげないと心が悲鳴をあげますから、右の方法を使って、上手に実現してあげてください。

ストレスと上手に付き合える人はこんなことをしています

①　自分の気持ちや考えがわかっている
☆どんな気持ちか
☆誰に対しての気持ちか
☆どの程度の強さの気持ちか

②　気持ちや考えを伝えたりリラックスさせたりする方法を持っている
☆深呼吸やリラックスの方法を知っている
☆いらいらした気持ちを言葉にできる
☆話を聞いてくれる人がいる
☆気持ちを切り替えるスポーツや趣味がある

③　問題を解決する方法を知っている
☆相手がなぜそういうことをするかがわかる
☆相手の気持ちがわかる
☆具体的に対立を解消することができる（交渉力・新しい解決策を生み出す発想力・相手に理解してもらう力）

うか。

(1) 感情の分化と認知の発達の関係

まず、ストレス耐性について考えてみましょう。

ストレス耐性とは、「不快」な欲求が生じても表面に出さずに抑えることができる力のことです。これはストレスを抱えるための感情がどのくらい発達しているかに影響されますので、感情の発達について考えてみます。

誕生後、乳児がまず発達させていく感情は、「不快」です。例えば、空腹、オムツが濡れた、汗、寒さ、暑さなどの不快刺激を認知し、「泣く」という反応をします。この反応を的確に察知した母親や周囲の大人が対処してくれることにより「不快」は「快」に変化します。

ここで、乳児は、3つのことを学びます。第1は発信することにより自分の欲求がかなえられること。第2は、「不快」を抱えながら適度に待つということです。「不快」を抱えながらも適度に待てる（待ちすぎたり、待つことができないのではなく）ことを学んだ子どもは、ストレス耐性を獲得していきます。そして、周囲の大人や環境への「安心感」や「信頼感」を獲得していきます。この安心感を基地として子どもたちは探索行動を開始できるようになります。

適度な待ち時間で「不快」を「快」に変容してもらえた赤ちゃんは、「快」に変わった部位がどこかも認知しやすいため、授乳をして満足したときは空腹による不快を認知し、抱いてもらって安心したときは孤独による不快を認知して感情の分化が進みます。

また、対応してくれる母親や周囲の大人の「言葉がけ」を理解するようになり、「感情を表す言葉」も増えていきます。同様に、大人が様々な対応をしながら子どもにとって「快」を与えることができる場合、子どもは「快感情」を得るには様々な方法があることも理解できるようになり、多角認知の基礎も育っていきます。

一方、泣いても反応してもらえない場合、最初はオムツが濡れて不快だっただけなのが、泣いているうちに涙で顔がびちょびちょになる、汗が出る、おなかがすく、不安になるなど、様々な不快感情が重なっていきます。待ちくたびれて、対処してもらったときには「自分の不快はいったい何が原因だったのか」混乱していると同時に、発信しても助けてくれない周囲に対して「不信感」を感じます。できるだけ自分の「快」状況を保とうとして、強い主張をするようになったり、対応してくれる人や方法への「こだわり」（固着）を示すようになりがちです。

(2) 欲求にはどんなものがあるのでしょう

図5の中央にあるのが欲求の5段階です（マズロー、1954）。

生理的欲求（食欲、睡眠欲、性欲など）、安心欲求、所属欲求（家族の一員、仲間、学級、部活など）、承認欲求、および自己実現欲求（学習成果をあげる、自分らしさを築く、望む進路に進むなど）です。図5の下位の欲求が満たされていないと、上位の欲求を満たせません。

例えば、寝つきが悪く睡眠欲求が満たされていない上に朝食を抜いてくる中学生が、遅刻ぎりぎりで焦って駆け込んできた直後に、数学の小テストがあったとしましょう。「生理的欲求」と「安心欲求」が満たされていれば、たとえ「数学のテストが難しい」という苦痛や不安があってもこの不安に単独で対処できます。しかし、これらが満たされていない場合、苦痛は累積されます。「こんなもん、やってられるかよ！」と、テストをする教師を恨めしく思い、その場から飛び出したくなるかもしれません。この状況では10分間の小テストなのに１時間くらいに感じられます。心理的時間は、苦痛に対してはゆっくり進むように感じられるからです。

教室を出てしまう子には、友達を失いたくないという気持ち「所属欲求」が不足している場合もあります。なんとか踏みとどまる子は、友達がいるからかもしれませんが、不快感を抱えたまま授業を受けなければならないため、最後の砦である「友達」との関係で何かあれば一触即発でキレてしまうわけです。例えば、教員やクラスメートから「えっ？おまえこんな問題できなかったの？」とばかにされたり、自分より成績が悪いはずの生徒ができていたりした場合です。

また、友達ともうまくいっておらず、学習にも自信がない場合、子どもは教室に入れなくなることもあります。この場合の対応は、下位の欲求を満たすことから始めます。「安心欲求」を満たすために、学習内容を本人にとってわかりやすく説明したり、どこを当てられるか見通しがつくようにしたりします。また、「所属欲求」を満たすために、役割を決めたグループ活動をしたり、ある程度受け入れてもらえる班を日常のグループにするなどの工夫ができます。

「承認欲求」を満たすためには、まず、明確に「何をすれば認めてもらえる」というゴールを示すと同時に、結果のみならず課題達成に至る様々なプロセスを認めていくと、子どもたちは足場を安定させていきます。人間関係をつなぐのが苦手な子どもたちの集団の場合、教師側がつなげる工夫をして、よいロール（役割）モデルになることが大切です。教師が、できない子どもを切り捨てたり無視したりしていると、それがロールモデルとして子どもたちに浸透してしまうのです。

❸ 欲求を上手に表現できない子への対応方法

不適応行動は、図５の左側の表現手段で現れます。ストレスの表現方法と対応の仕方について、事例を通じて考えていきましょう。

(1) 気持ちを抑え込む子

「マイナスの感情を出してはいけない」と思い込んでいるために、よい子であることに息切れしたときに大爆発を起こす子がいます。「よい子」である自分を認めてもらうことや、よい子であり続けることへの「自己実現欲求」が高いため、マイナスの感情を出してイメージが崩れてしまうのが怖いこともあるでしょう。

この場合、気持ちを抑えなくてはいけないと思い込んでいる緊張状態を緩和してあげることから始めます。

感情を抑えるためには、からだも心も緊張し続けていなくてはなりません。ですから、まずこわばっているからだのリラックスから

表１　ストレスの表現方法と対応の仕方

抑圧する　自分の気持ちを抑え込む。

例）やりたいと思っても、これまでの体験から自分の力では無理だ、親や人に反対されると思い込み、気持ちを抑え込んでしまう

→　あるとき突然「おとなしい」「いい子」が爆発するパターン

→　その場では「わかった」と言うが、「うつ」状態、無気力になっていく

☆（対応）①　抑え込まなくてはいけないと思い込んでいる気持ちを緩めてあげるためにからだのリラックスから始めてください。

②　「話す」「描く」「楽器をたたく」「箱庭」など抑えている気持ちを表現する支援をしてあげてください。

言葉に出すのが苦手な生徒には、コラージュや箱庭療法も効果的です。パンチングボール、新聞紙をビリビリ破るなどもストレス発散になります。一時的な発散が上手にできるようになったら、散歩、エアロビクスなどからだからのリラックスを常にできるように工夫してあげてください。

避ける　対立・葛藤が生じる事態そのものを避ける。

例）いやなことがあると、いなくなる、眠りに逃げる、遊びに逃げるなど

→　不登校、進路等を考えることそのものを避ける

面接場面で違う話題に持ち込むなどして、直面を避ける

☆（対応）①　問題行動が出ている間は、「引きがね」になる課題の話題は出さないでください。

②　本人の気持ちがほぐれる話題か、楽しいことをさせて、落ち着かせます。

③　逃げている自分を卑下する気持ちや、つらい思いを受け止めてください。

④　いつまでも逃げていられないことに気づかせ、具体的にどうしたら少しでもそのストレス（例：学習、友達関係、親など）が楽になるかを考えさせてください。

代用する　欲しいものはあるが、手に入らないので代用品で実現しようとする。

表現したい気持ちの方向を、物や別の人に向ける。

例）適応事例の場合：他の進路に変更、他の友人との付き合いに変更など

不適応事例の場合：依存症、過食、アルコール、タバコ、父との葛藤を教師・警察にぶつける、身体表現性の症状（頭痛、腹痛、胃痛、神経性弱視など）

☆（対応）①　本当の気持ちや欲求は何かを本人が意識できるように、話を聞いていってください。

②　正当な方法で手に入れる、適切な相手に表現するスキルを身につけさせます。

③　自分に対する自信と自尊心の回復。

④　依存症については、身体的、精神的影響について具体的に提示します。

他者になすりつける　投影：自分と同じ気持ちを相手の中に見つけて増幅させる。

例）集団でのいじめ、非行、友達の不幸を自分のものと重ねるなど

投射：自分がしてほしい気持ちを相手に実現させるように、刷り込む

例）「勉強がしたくない」ので「えー」「なんでー」と不快感情を刷り込み、相手を逆ギレさせる

☆（対応）①　できない、やらないと断ってもよい権利があることを伝えてください。

②　課題に直面できる力をつけていきます。

注意：人格障害（自己愛性、境界例など）か否かの鑑別診断は必要

方向の転換　表現した気持ちを受け止めてもらえないので、自分に向ける。

例）自傷行為

☆（対応）①　自傷行為の結果どのような気持ちになっているのかを確認します。

②　その行為が誰のために行っていることなのかを意識化させます。

③　本当の気持ちを伝えたい相手と直接話せるように支援します。

始めるといいでしょう。このタイプは「自分には教育相談は必要ない」と考えている、あるいはそう思うことで「強い自分」の仮面をかぶっているからです。直接の感情に触れるのではなく、散歩やからだを動かしながら日常的な出来事を話したり、笑ったりできるように支援するといいでしょう。

表現することで気持ちが楽になることを体験できたら、その子に合う抑えていた気持ちの表現方法を一緒に考えていきます。例えば、言葉に出すのが苦手な子には、コラージュや箱庭、行動的な生徒には、パンチングボールや新聞紙をビリビリ破るなど、人に迷惑をかけず「よい子」でいながらもストレス発散ができる方法を教えていくのです。

⑵　苦手なことを避ける子

「避ける」子とは、ストレス状況が生じること自体から逃げる子どもです。テストに失敗しそうだと学校を休んだり、興味を持てない話し合いを欠席したり、友達とのトラブルを避けるために最初から人と深くかかわらないでいたりする子がいます。こういう子は、トラブルになってしまうと、自分が納得していないのにすぐ謝ったりしがちです。

「いじめ」の場面では、「キレる子」とは違い、気持ちを出さない傍観者的になる場合が多く、感情を揺れ動かされないようにしたり、人間関係をつくらないという意味では、気持ちや関係を「切っている」ことになります。

こうした子どもへの対応は、気持ちをほぐし、避けなくてもいいと「安心」させることから始めます。楽しい話題を増やしたり、逃げたい気持ちがあっても「当たり前」であることに気づかせ、逃げている自分からも逃げていることに気づかせる支援をします。「逃げたい自分」を受け止められるようにするわけです。

何から逃げたいのか、向かい合おうとするとどういう気持ちが生じるのか、その気持ちをほぐすにはどうしたらいいのかを、本人の視線に寄り添って考えたり感じたりすることが大切です。面接場面で話題をそらそうとしたら、そのときの気持ちに焦点を当てて、そう感じるのは当たり前だということを確認します。しんどい思いを一緒に抱えながらもう一度同じ話題を進め、話題から逃げない体験をさせることが大切です。同時に、学習、友達関係、親との関係などについても、ソーシャルスキル・トレーニングなどによって、具体的に対応する方法を学習していきます。

⑶　代用する子

「代用」は、「キレやすい子」が学校や家庭で頻繁に使う方法です。彼らは、自分の気持ちがわかっていない上に、自分が直接気持ちを伝えたい相手との関係はたいてい切れているので、発散するためには代わりの行為などが必要です。例えば、物を壊す・破る（何かを壊したいという気持ちを別のもので代用)、隠す・隠れる（見つけてほしいという気持ち)、刃物を持つ・振り回す（自分の安全圏を守りたい)、物を買い集める・高いものをねだる・過食する（愛情を求める代わりに物を集める）などです。したがって「代用する」子に対しては、表現している行動をよく観察して、その子が本当に表現したい気持ちを理解することが大切になります。

事例1　小学校４年生のＡ君は、キレると文房具を投げたり壊したりします。

担任の先生に「誰の」「どんな文房具」を「いつ壊す」のかを行動観察してもらった結果、Ａ君は、小テストがあった次の日や、宿題を出した次の朝から機嫌が悪くなることが多く、きっかけは、友達が自分のかばんに触ったとか、自分が書こうとしたプリントを汚されたということだとわかりました。

Ａ君は、「Ｂ子がぶつかってきた。Ｂ子あっちに行け！」「ぼくのプリントが汚れたから、できなくなったじゃないか！」と騒ぎ立て、先生が「じゃあ、きれいなのと取り替えよう」と言っても「うるさい！」と腕をぶんぶん振り回して文房具を投げたりし続けます。Ａ君が投げたり壊したりする文房具はすべて自分のものであり、壊すと買い揃えるのは母親でした。

Ａ君は、いったい何に対するどんな気持ちを、「文房具を投げる、壊す」という行動で表現しようとしていたのでしょうか。担任の先生と一緒に考えるうちに、Ａ君は学習につまずきがあり、字を書いたり計算したりするのに時間がかかることがわかりました。落ち着いて１つ１つ取り組めばできるので、家では母親がそばにつききりで指導しているそうです。Ａ君は母親が大好きなので一緒にいるのはいいのですが、大好きな母親が大嫌いな勉強を強いることに多大なストレスを抱えていました。母親はやさしく教えてくれるのですが、勉強そのものが苦痛です。大好きなお母さんと隣り合わせなので話したいのに、お母さんは「勉強終わってからね」と聞いてくれなくなりました。

勉強なんて本当はやりたくない。でも、やらないといけない。今までやさしかったお母さんが勉強を始めると冷たく感じられる。小テストのあとや宿題が出ると、もやもやした気分がひどくなります。

Ａ君は、この混乱した気持ちを「字を書いたり勉強をする道具」としての文房具に向け、それを壊すことで「やりたくない」気持ちを表現していたわけです。また、Ａ君が本当に欲しいもの（安心）の代わりに「文房具」を買い与えるお母さんに、苛立ちを覚えていました。でも、家で物を壊すとお母さんに嫌われるし、自分からは「やりたくない」とは言えないために、文房具を壊すきっかけを学校での出来事に求めてしまったのです。

このことに気づいた先生とお母さんは、Ａ君の勉強は家庭教師に見てもらうようにし、お母さんは勉強後に一緒に遊んだりほめたりする役に替えてもらうようにしました。また、文房具はＡ君自身に選ばせ、勉強方法もＡ君が興味を持ちそうな教材を用いて苦痛が少ない方法を取り入れるようにしました。基礎的な計算練習や漢字練習などが減った分、Ａ君のストレスは軽減しました。そして、まずは「勉強嫌い」を緩和することを目標としたので、授業中にパニックになることが減りました。Ａ君を見る周囲の友人の目も変わってきて、グループ活動にも「おいでよ」と入れてくれるようになりました。グループのＡ君に対する「安心欲求」が満たされるようになったためです。同時に、自分の役割を与えてもらったA君の「所属欲求」や「承認欲求」が満たされるようになり、ゆっくりではありますが、「次は、自分もこうしたい」という学習への意欲づけが進んでいったのです。

⑷ 相手を「逆切れ」させる子

「生徒と対応していると、自分のほうがキレそうになる！」と言う先生が増えています。これは、生徒が自分の気持ちを先生に「刷り込む」ことによって生じる現象です。自分の感情を抱えることができず、抑え込んだり、代わりのもので表現することもできない場合、自分がすっきりすると同時に、ストレスを元から回避できる方法として、無意識のうちに「相手に自分の気持ちを実現」させようとするのです。

したがって、「わざとやってるでしょ」「ママを怒らせたいの？」と母親が怒りだすと「わざとじゃねーよ」「そっちが勝手に怒ってんじゃないかよ！」と責任転嫁するのです。相手に気持ちを刷り込む子は、わかってもらいたいという承認願望が高く、相手の気持ちにも影響を与えやすいようです。

事例2　中学2年生のB子さんは、掃除や係の活動をよくサボります。同じ班になる生徒は、最初のうちはB子さんにも「やろうよ」「あなたの責任の分でしょ」と声がけしていました。しかし、B子さんは誰かとおしゃべりを始めたり、なかなか掃除の場所に来なかったり、途中でどこかに行ってしまったりすることが重なり、同じ班の子どもたちは、B子さんを捜して呼びに行ったりしてなかなか掃除が終わりません。以下はB子さんを教室に迎えに行ったC子さんとの会話です。

C子「（教室で、かばんの中身を出して見ているB子に）ねえ。あと5分しかないんだよ。今週一回も掃除当番に来てないじゃない。早く来てよ」

B子「ねえ。あと5分しかないんだよー……ふふふ」

C子「……」（むっとした顔つき）

B子「あ。そうだ、先生にノートを取りに来いって言われてたんだ」（と、かばんの中身を机の上に広げたまま職員室に行こうとする。教室掃除の班の子もにらんでいる。）

C子「あのさー。今、何するとき？　掃除が終わってからだっていいじゃん。みんな待ってるんだよ。早くかばん片づけなよ。教室掃除のみんなにも迷惑でしょ！」

B子「（C子の口まね）みんな、待ってるんだよおー。へへへ」

C子「（そうとうむかむかしている）ねえ。バカにしてるわけ？　いつもそんなことばっかしてて、許されると思ってんの？」

B子「思ってるわけないじゃん。へーっ、そんなふうに思ってたんだ～」

C子「（思ってるわけないじゃん、にギクッとして言い訳を始める）ねえ、私たち、B子に何をした？　毎回毎回こうやって迎えに来て、その間、B子はいったい何やってるわけ？　少しは、みんなの気持ちになってごらんよ。どんだけ私たちがB子のことを思って、毎回待ってると思う？」

B子「さあ～。聞いたことないから、わっかんないなあ～」
C子「何、その言い方。(言いながらどんどん興奮している。落ち着かなくてはと思いながらも、止まらない）B子がやるとこ決めてあるんだから、せめてそれくらいやりなよね」
B子「やーめた。せっかく行ってやろうと思ってたのに、C子の言い方でやる気なくした」
C子「来なくていいわよ。あんたになんか二度と声かけないから。あー、ばかばかしい!!」(すたすたと行ってしまう。)
B子「自分がキレてんじゃん。さ・い・てー」
B子はまた自分のかばんの中身を眺めている。ようやく片づけて掃除の場所へ行こうとすると、みんな戻ってくるところ。「もう終わったよ。明日はちゃんとやってね」と言われても「なーんだ。誰かさんがカッカするから、せっかく行こうと思ったのになあー」と掃除の場所とはまた違う方向に行って帰りの会を遅らせた。

C子は、この後、B子と班を変えてくれと担任に泣いて訴えている。

B子さんのようにああ言えばこう言うといった具合に相手の言葉で自分が傷つかないように跳ね返すタイプの場合、相手に対して悪いという意識がなかったり、また、相手がどのような反応を起こしても、自分の責任は感じていないようです。これは、不快感情を抱えるストレス耐性が低いために、相手の言葉によって自分の気分が揺れることを防ごうとするためでしょう。また、共感性も未発達だと考えられます。対応している相手は、拒絶的な反応を返されるだけではなく、自分の気持ちをまったくわかってもらえないという孤立感を感じ、逆切れさせられるのです。

では、B子のように自分の気持ちを抱えることができず、他者への共感性が未発達な生徒に、どのようにすれば共感性をはぐくんでいくことができるのでしょうか。次節でその鍵となる「愛着」の発達について考えてみましょう。

3　キレやすい子に不足している発達上の課題

第1節で説明した向社会的行動を育てるためには、共感性のほかに、道徳性、ソーシャルスキルが必要です。本節では、それぞれを育てるためにどのようなことができるか、そしてその前提となる愛着の発達について考えていきます。具体的なワークは、第2章を参照してください。

❶　愛着の発達

愛着は、身の回りの様々なものや人に対して、興味関心を抱き、それをいとおしいと思って大切に持っていたりかかわりたいと思う気持ちです。社会で適応していく上では欠くことのできない要素です。

子どもにとっての愛着は、「発信行動」（微笑む、声を出す、泣くなど）、「定位行動」（じっと見ている、そばにいる、後追いをするなど）、および「身体的接触行動」（手を伸ばす、すりよる、抱きつく、よじ登るなど）として表現されます。誕生から2～3歳くらいまでに段階を追って発達します。まず、周囲にいる相手を目で追ったり微笑んだり手を伸ばしたりするという「発信行動」から始まります。この段階では特定のものや人物に固着してはいませんが、月齢3か月から6か月くらいになると、自分を世話してくれたり、安心させてくれる相手を見分けるようになります。6か月から2歳ころは、人に対する愛着が育つ時期であり、母親やよく世話をしてくれる人への愛着が強くなります。人見知りが始まる時期です。この時期に、子どもからの様々な「発信行動」や「定位行動」「能動的身体接触行動」が現れ、十分な安心感や満足感が得られると、愛着対象となる人（母、家族、友達など）が自分とは独立した存在であることを理解して、協調的な関係が築けるようになっていきます（Bowlby, 1969）。

この段階で重要な役割をするのが言葉と感覚統合能力です。1歳から2歳の間に、子どもは通常約200語の単語を理解し、10種類以上の2語言葉の言い回しを理解できるようになります。言葉の発達が順調であれば、抑揚を変えることで、甘えたりすねたり怒ったりと発信の仕方を使い分けられますし、相手の微妙な表情の違いや言葉を理解することもできます。また、身体・運動の感覚統合が発達していれば、自分の感情を表現するような言葉や表情や行動をとることができます。

一方、言葉の発達が遅れていると、発信行動がワンパターンになってしまったり、相手の言葉や行動が理解しにくかったりします。また、身体・運動能力の発達が遅れていると、思う方向に手を伸ばせなかったり、抱きつくつもりがたたいたりひっかいてしまったり、タイミングがずれてしまったりします。社会性を育てていくには、乳幼児期にからだ、心、言葉をバランスよく育てることが大切なのです。

⑴ 乳幼児期からの発達支援

では、愛着を育てるためには、乳幼児期にどのようなかかわりが必要なのでしょうか。感情が未分化な幼児の場合には、様々なものごとに接することで愛着を育てることから始めます。自分の知らないものに出合うのは不安ですが、そのときに発信するSOSにタイミングよく応じながら新しい場面との出合いを不安や不快を興味関心に変換する支援をします。子どもが「発信行動」(声を出す)や「定位行動」(じっと何かを見ている)をしているとき「これは何だろうね？」と子どもが見ているもの、聞いているもの、感じているものなどを一緒に体験しながら1つ1つに「名前」をつけていってあげてください。また、「どうしてそうなるの？」と理由や関係を知りたがるときには、1つ1つ丁寧に「考え方」を教えてあげると、右脳の発達と同時に左脳が鍛えられます。

例えば、公園で知らない子が自分の道具を持っていってしまったとします。子どもは大事な道具（愛着の対象）がなくなったので、泣きます。このとき、泣くという行動には、なくなったことへの苦痛や驚きの感情と、母親の助けを求める「発信行動」が含まれています。この場面で母親が走り寄って抱き上げるのはいいのですが、その結果、母親とだけ遊ぶようになってしまうと、子どもの愛着は母親に固着します。一方、子どもの愛着の対象を親から友達や友達がやっている遊びに向けることができれば、自分の道具が違う使われ方をすることによって新しい遊びが生まれることに気づくかもしれません。ですから、泣いている子どもを抱いて安心させたら、「何をつくっているんだろうね？」と他の子の遊びを見せると、その遊びに興味を持った子どもは、自然と母親から離れて遊びに加わっていきます。このようにして、おもちゃの貸し借りができるようになると同時に、子ども同士の遊びが発展していく支援をします。

⑵ 不安が強い非社会的行動をする子どもへの対応

では、不安が強い子や極端に消極的な子に対しては、どのようにして社会への関心を育てればよいのでしょうか。図6は、不登校の子が引きこもるメカニズムを示したものです。非社会的行動をする子どもは、関係をつくらないか関係を切るということで自分の安定した世界を保とうとします。愛着の対象が限られてしまっているので、ゆっくりと愛着の幅や深さを調整していくことが大切です。

「分離不安」と呼ばれる子どもは、母親や愛着の対象から離れるのが不安なために、校門で離れるのをしぶったり、友達とはつきあわずにすぐに家に帰ってきて親と遊ぼうとします。この場合は、愛着の対象となる人が自分から離れても必ず戻ってくるという具体的な安心感と同時に、親とは別の安全圏をつくってくれる人が現れることが大切です。これは、「保存」という概念形成ができるようにな

図６　バーチャルな世界に引きこもる要因

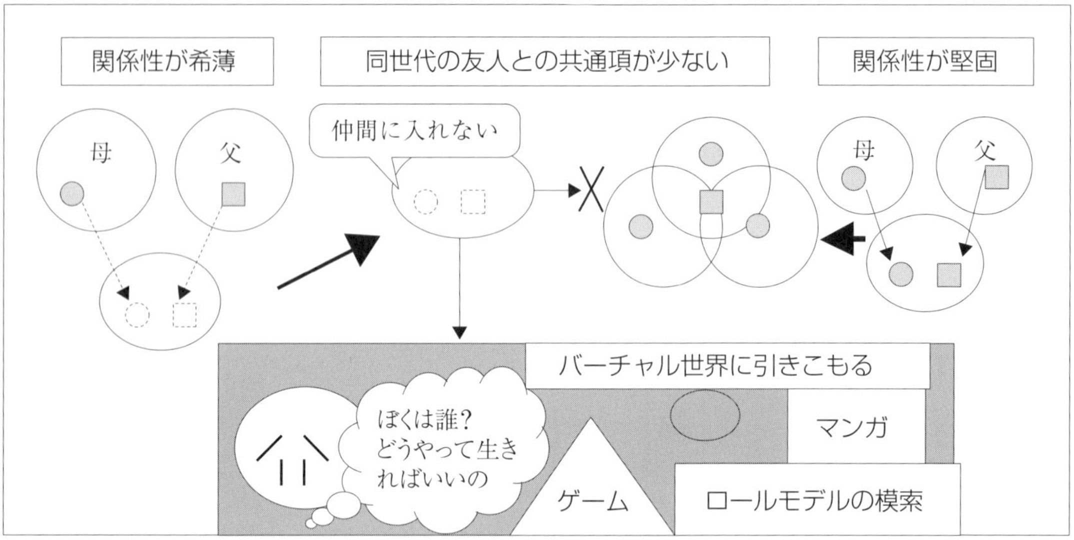

るとスムーズに進みます。保存概念というのは、自分の目の前にあるものが形を変えたりなくなったりしても、頭の中にイメージを保持できる力のことです。例えば、１本のひもは、直線状態でも丸めても同じひもです。もとの直線は目の前から消えてもなくなったわけではありません。形の変化が理解できるようになったら、次は、目に見えない場所にしまいます。その場所を覚えておいてあとで探しだすことができるようになれば、物との分離ができるようになります。学校に行っている間はお母さんに会えなくても、頭の中でイメージすることでいつでも会えるようになると、分離不安は減っていきます。

次に、親とは離れることができても、自分の興味関心の世界が広がっていないために、友達との遊びや会話が苦痛な子どもについて考えてみましょう。

まずは、彼らの世界に近づいて、共感しながらその世界を共有することから始めます。漫画、ゲーム、電車、パソコンのソフトなど特定のものに興味が固着している場合は、彼らの話を彼らのペースでじっくり聞き、一人遊びを併行遊びにすることから始めます。同じ部屋で子どもたちと同じゲームをそれぞれの機械でしながら会話をしたり、彼らが話す漫画の話を聞いたりします。大切なのは、聞きっぱなしにするのではなく、彼らの世界にこちらも興味関心を持って、興味の幅を広げることです。幼児に対する支援と同じです。「この人は安心できる人」「この人と接しているとおもしろい、心地よい」と感じられる対象になることが目的です。

一方、誘われれば一緒に何かをするけれども、自分からはものごとに愛着を示さない子どももいます。彼らには、何かをすると楽しい、という快感情そのものが育っていない可能性があります。この場合は、感情を分化して育てることから始めます。安心できる表情や態度を示しながらその子が楽しいと思える活動を一緒にしていきます。

(3) 反社会的行動をする子どもへの対応

反社会的行動をする子どもたちは、愛着は旺盛に持っています。ただし、表現する方法を誤っているので、「発信」の仕方から修正する必要があります。例えば「困っている」「こっちを向いてほしい」と思うとがまんができず、すぐに欲求を満たそうとするので、自分の望みがかなうまで攻撃や代償行為を繰り返します。相手にはそれが「甘え」や「愛情」とは受け取れずに、身勝手な暴力と受け取られ、怖がられたり敬遠されたりしがちです。

これは、言葉の発達の遅れや、ストレス耐性が低いことが原因と考えられます。まず、彼らの行動を言語化して何を求めているのかを言葉で理解し合えるようにすることから始めます。丁寧に行動観察していると、求めているものや反社会的行動の引きがねになる情動が見えてくるでしょう。

事例3　中学2年生のさとる君は、学校には毎日遅刻して11時過ぎに来ます。「また遅刻か、もっと早く来い。そんなことじゃ高校には行けないぞ」。先生からは注意されます。さとる君は先生を無視して、教室には入らずに廊下を徘徊して携帯電話で先輩や外の友達と話しています。廊下を見回っている先生が注意すると、「うるせぇな」と言って場所を移動し、職員室まで行くとドアを足蹴りします。先生がやめるように指示しても薄笑いを浮かべたままにらみつけています。「いいから早く教室に行け」と促されて、結局たまり場に行って、コンビニで買ってきたお弁当を食べています。ゴミはそのまま放置しました。

この行動の中には、様々なメッセージ「発信行動」や「定位行動」「身体接触行動」があります。まず、遅刻です。「時間どおりに行けない」という学校への苦痛を訴えてはいるものの、行かなくてはいけないのできちんと午前中には来たということを表現しています。ところが先生は、苦痛も学校に来たことも受け止めていません。拒否されて、先生や教室から愛着は離れます。校内の徘徊は、教室という愛着対象に接触したいのにできないためその周囲をうろうろしているという行動です。不安になるため安心できる誰かとの接触を求め、携帯電話で話をします。ここでまた先生は、愛着行動をやめることだけを指示し、次につなげることをしていません。

さとる君は、受け止めてもらえない苛立ちと居場所のない苦しさやさびしさを職員室のドアを蹴るという行為で表現しようとします。しかし、職員室には「手を出さない」のです。嫌な学校にがんばって来たことや居場所のない苦しさは受け止めてもらえないまま、自分に愛着を示してくれるたまり場の徘徊仲間と無機質なコンビニ弁当を食べるという代償行為をしているわけです。

もちろん、同じように苦しい状況でも自分でストレスに打ち勝とうと努力している子どももいますから、甘ったれているととられても仕方のない行為です。しかし、自分が何を求めているのか理解できていない、あるいはしようとしない子には、彼らの要求にまず周囲の大人が気づいてあげる必要があるのです。その上でアンガーマネージメントの個別プランに基づいて、自分が求めているものが何で、誰に対して、どの程度であるのかを理解できるように支援していきます。

⑷　共感性や道徳性を育てるために

共感性は、相手と同じ気持ちを分かち合いたいと思うときに自発的に生じるもので、強制されて感じるものではありません。「相手の身になって考えなさい」「思いやりが大切です」と、どんなに言葉で言われてもそれだけではそうしたいとは思えないのです。また、相手の気持ちは理解できても自分がしたいように相手の感情を操作するのでは、共感にはなりません。したがって事例２のＣ子さんも、共感性は不足しています。

共感性を発達させるには、

①　**感情が十分に分化している**
②　**自分の感情を理解できる**
③　**自分の感情を適切に表現する手段を持っている**
④　**相手の感情を理解できる**
⑤　**相手がその感情をどのようにしてほしいかが理解できる**

といった力が必要です（７ページの章扉イラスト及び次ページの図７参照）。

子どもは成長の過程で様々な物に興味や関心を持ちます。人形、ブロック、花、動物などを、見たり聴いたり触ったりしながら感受性を育てていきます。しかし、自分に快感情を与えてくれるものを制限することで安心感を保とうとする子どもの場合、「楽しい」「気持ちよい」と感じるものが限られているので、他の人が「楽しい」と感じても同じには感じられない場合が多いようです。先に「愛着の発達」で説明したように、「快感情」を得られる対象が限られていると、１つの物や人に固着してしまうし、友達と遊ぶときも自分が好きな遊びをしてくれないと機嫌が悪くなってしまいがちです。

感情を分化させるには、様々な遊びを通じて感覚刺激の幅や質を広げていくことが大切です。例えば、ボール遊びの場合、大きさや材質の異なるボールを用意して、目に映る大きさ、はね方やボールの感触の違いを楽しみながら遊ぶ。次に、それぞれの感情に「言葉」をつけていきます。「温かいね」「ふわふわしているね」「気持ちいいね」「ぴょんぴょん楽しそうだね」などです。

自分の興味関心が広がってくると一緒に遊べる友人が増えます。一緒に遊びながら、友達が同じ遊びをどのように展開するかを見ることが、他者への興味を引き起こすステップになります。

これは、小学生でも中学生でも同様ですが、思春期の場合は、具体的な出来事について共感するばかりではなく、その出来事をどう感じたかということが友達同士の話題になります。「ドラマ」の話をしながら「自分がドキドキした気持ち」「不思議に思った気持

図７　共感性が発達するまでの流れ（本田、2004）

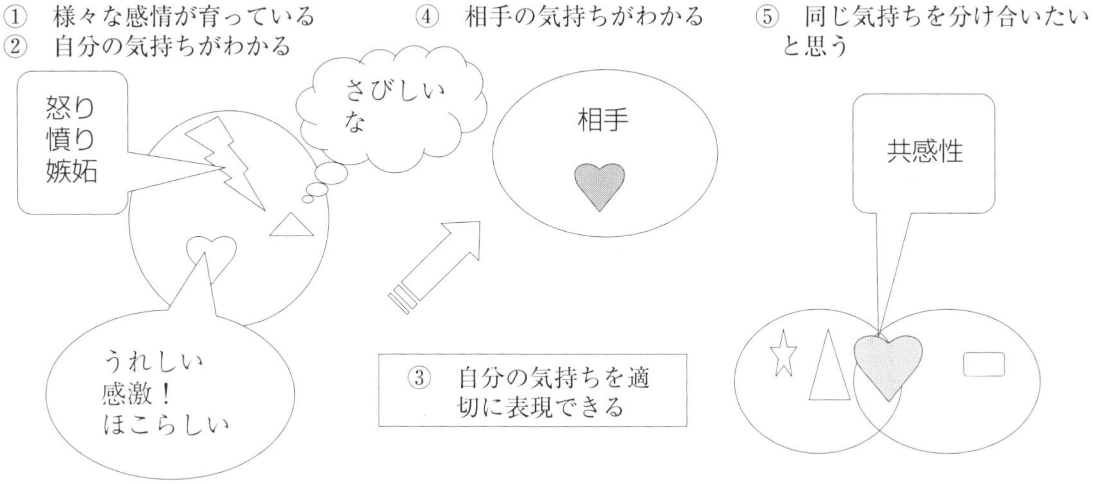

ち」「登場人物に何かを投影して憤りを感じた」など抽象的な感情を分かち合うことができるかどうかで集団に所属することができるか否かが分かれるのです。話題を合わせようと必死にファッション雑誌を読んだり、みんなが見るテレビ番組を見る中学生がいます。本人は楽しんでいるわけではないので、多くの時間を費やしたわりには、次の日の話題についていけずにさびしい思いをしたり、話についていけない焦りを感じてしまいます。

子どもたちに伝えたいのは、共感するには、相手と同じものを体験することだけではなく、自分はそのことを体験していなかったり知らなくても、相手が感じていることを話してもらうことによって理解しようとすることが大切だということです。

❷ 道徳性の発達

道徳性は次の３段階で育ちます。どの段階にいるかを考えて、次に成長できる支援をしてあげてください。いろいろなトラブルを起こしたとき（ケンカした、相手に暴力を振るった、人のものを取った、わがままを通そうとした、など）は、行動の変容のチャンスです。

⑴ 周囲がその場で教えないと何をすべきか判断できない段階（第１段階）

その場の規範よりも自分の欲求が優先されているので、規則を「押しつけられている」と感じています。厳しい先生がいれば従いますが、言われないと気づきません。この段階の子どもたちに対してはどのような対応をすればよいのでしょうか。

ステップ１　誰のためのルールか、何のためのルールかを具体的に教える

この段階の子どもは、まだルールの意味がわかっていません。自分の欲求を満たすために自己中心的な行動をしているので、ルールを、自分の楽しみを妨害するものとしてとらえ、ルールに抵抗しようとします。

彼らには、まず社会にはルールというものがあるということから教える必要があります。信号機の意味、急行が止まる駅は決まっていること、同じ物の値段はたいがい同じことなどです。その上で、自分の欲求をかなえるためには、ルールを用いることを教えます。例えば、お願いする、順番を待つ、時間を決めるなどです。こうして、ルールは自分を含めてみんなが安全に楽しむためにあるということを理解させていきます。

ステップ2　ルールには従う必要があることを教える

ルールの意味がわかったら、めんどうくさくてもきちんと従う必要性を教えます。掃除当番をサボッている中学生への対応で考えてみましょう。

掃除時間に廊下でおしゃべりしている生徒に出会ったとします。ここで、「なにサボッてんの。さっさとやることやりなさい。みんなに迷惑でしょ！」と本人の行動を一方的に決めつけて批判すると、よけいに反抗されて掃除をしなくなります。対応として大切なのは、本人の「道徳性」に訴えることです。

「はい。今は、掃除の時間です。どこの当番？　そこまで一緒に行きましょう」。数名がたむろしているときは、数名の教員で一人ひとりをばらばらにして対応します。これは、現在定着している行動に対する運動指令を切り、すべき行動への運動指令を生徒の代わりに出すことが目的です。動いたら楽しい話題にして、好ましい行動が出たらほめてください。生徒が無視したり、動かない場合は、近くにいる先生や生徒に他の先生を呼んできてもらいます。「相手が本気である」「この状況からは逃れられない」ことを察知すると、しぶしぶですが行動が生じます。

このように、外的な規制がないと動けない生徒が多い場合は、複数の教員や保護者の協力のもとに、巡回をする必要があります。

⑵「規則」や「規制」を鵜呑みにしている段階（第２段階）

規則が何のためにあるのかを考えることもなく、決められたとおりに鵜呑みにして、融通の利かない子どももいます。正しいことをしてほめられたいという気持ちもあるでしょう。「授業中は静かにしている」というルールがあると、授業に関するおしゃべりであっても「○○君、うるさいです。黙ってください」と杓子定規に押さえつけようとします。また、「規則を守っている正しい自分」と「従わない悪い彼ら」という敵対関係をつくってしまいます。

ステップ1　ルール違反と思い込んでいる行動をよく観察させる（定義のし直し）

「規則」や「規制」を鵜呑みにする子は、思い込みに２つのパターンがあります。

１つは右脳型で、状況を漠然と主観的にとらえるタイプです。相手に殴りかかっているのか止めようとしているのかなど、その瞬間だけでは判断できないことがありますから、彼らには場面をしっかり見て前後関係を理解する力をつける必要があります。

もう１つは左脳型で、規則を自分が思い込んでいる意味だけで判断しがちな生徒です。例えば「授業に遅れてはいけない」という規則があると、話し合いの大事な場面であるにもかかわらず次の授業に遅れないために「先生、時間になっているので早く終わらせてください」と発言したりする子がいます。ルールをきちんと守りたいという気持ちは大切にしながらも、対立する２つの価値があるときにどちらを優先すべきかの価値判断の基準（向社会的判断力）を教えていくとよいでしょう。ここで他者への共感性が必要になります。本当にその行動がルール違反なのかどうかを理解させる支援をします。

ステップ２　相手が受け入れやすいような伝え方を教える

ルールの本当の意味がわかったら、相手が受け入れやすい伝え方を教えていきます。第２段階の子どもたちは、「権威」を使いたがりますから、命令口調になりがちです。「一緒にやろう」と仲間を誘う方法や、「お願いします」という依頼の方法、また、「これができたら、こういういいことがあるよ」というような肯定的な言い方などを教えてください。このようなヒントを与えると、どうしたら相手が心地よくこちらの言い分を聞いてくれるかを子どもたち自身が考えて、いろいろなアイデアを出してくるでしょう。

ステップ３　その場での判断は先生がすると伝えて、規範の幅を委託させる

責任感が強く、自分が仕切らなくてはならないと緊張している生徒が、仲間とルールをめぐって関係が硬直してしまった場合には、判断を別の人に委ねるということも教えます。

友達の物をとってしまった子に対して、杓子定規に注意したり説教したりするのは、この段階になります。子どもがなぜそのような行為をしたのかを理解した上で、第３段階の「自分の欲求」と「社会のルール」を調整するためにその子にどのような力が必要なのかについて考えていきます。

⑶　自分の利益を損なっても、相手のために何かしてあげたいと思う段階（第３段階）

自分の利益を損なっても相手のために何かしてあげたいと思う子には、状況判断に対して「自分の役割」を理解する力が必要です。

例えば、友達が学校帰りに重い荷物を抱えて困っているが、自分は塾に行くので急いで帰ってきなさいと言われている子がいたとします。その子は、お母さんに叱られるし、塾は遅刻するけれども友達の大変さに共感して荷物を持つのを手伝って遠回りしました。この子は、家に遅く帰ってお母さんに叱られても、自分にとって何が大切だったかを理解しているので、「遅くなってごめんね」と自分の行動を謝った上で、事情を伝えることができるのです。相手のせいにしたり言い訳したりする必要はありません。

第２段階の生徒なら、「だって、お母さんはいつも困っている人を助けろって言うじゃない」と親のせいにします。

では、第２段階の子どもが第３段階に成長するには、どういう力が必要なのでしょうか？

ステップ１　役割取得能力を高める

「役割取得能力」というのは、その場で自分が何をすべきかを理解できる力です。他者との関係性が育っていることが前提として必要です。「自分は生徒である」「子どもである」という縦の関係、「弟である」「兄である」「クラス委員である」という斜めの関係、そして「友達である」という横の関係です。ときには、自分とは関係がないことを理解する力も必要になります。

それぞれの関係性の中で、自分の役割を考える機会を増やします。その場で「今、何をすればいい？」「相手は何をしてほしいと思ってる？」「これをしたら相手はどう思う？」というような質問を投げかけていきます。

ステップ２　葛藤する力を育てる

対立する２つの価値が生じると、子どもに葛藤が起こり、どうしたらいいか悩み始めます。この段階で大切なのは、「悩むことができる」ということです。

ステップ３　自分の欲求を正しい形で表現する方法を学ぶ

欲求は出してOKです。ただし、どうしたら社会に認めてもらえる形で表現できるのかを考えさせていきます。

ステップ４　対立解消を学ぶ

具体策を一緒に考えます。対立解消については、第２章の89～91ページを参考にしてください。

❸　ソーシャルスキルの発達支援

⑴　ソーシャルスキルとは？

社会に適応していくためには、①基本的な日常生活を送る上でのソーシャルスキル（自立・自律）と、②社会で自分の立場を発展させていくためにも「仲間入り」「仲間の維持」「仲間の発展」など、積極的な人間関係を発展させるためのスキルが必要です（表２）。

ここでは、後者についてどのようなスキルがあるのかを紹介します。具体的なスキルの育て方については、第２章を参照してください。なお、ソーシャルスキルはあくまでも「スキル」なので、これだけを身につけても「心の交流」はできません。今までいろいろな活動をしたり、ルールを守ることを教えたりしたのに、子どもたちの共感性が育っていないという場合は、スキルに注目しすぎて情緒面への働きかけが少なかったせいかもしれません。気持ちを伴った交流にするためには、スキルは先に説明した「愛着」や「道徳性」と合わせて活用することが大切です。

⑵　学校のルールや権威を受け入れる態度とスキルについて

学校のルールや権威を受け入れる段階には、自分以外の社会の存在を受け入れるための次のようなスキルが含まれます。

①　教師の役割を理解する力

②　教室でのルールを理解し責任を果たす力

③　担任以外の先生との関係を築く力

④　学校で起きた問題に対応する力

まず、家庭や学校、社会にはルールがあるということを理解し、それに従おうとする態度を育てます。先生の役割を理解する、先生が指示を出したら従うという基本的なものから始まります。基本的なルールが理解できた生徒は、道徳性の発達の第１段階になります。次に、先生がいなくても、あるいは担任以外の先生が来ても同じようにルールを守れるというのは、道徳性の第２段階になります。最後に、自分の欲求があってもそれと葛藤して教室のルールに従おうとする第３段階に進むことができます。

⑶　友達とのかかわり方に関する知識や技術

この知識には、次の３項目が含まれます。

表2　積極的な人間関係を発展させるために必要なソーシャルスキルの要素

Ⅰ　自分に関する力

1．自己理解

自分が何をしたいのか（行動）、感じているのか（気持ち）、考えているのか（思考）が理解できる力

2．自己判断力（意思選択　→　決定）

自分がしたいこと、感じていること、考えていることを表現する適切な方法を決める力

① 情報を集める力
② 情報を整理する力
③ 全体把握ができる力（ものごとを全体として理解できる力）
④ 行動予測ができる力（これをやったらどうなるか？）
⑤ 優先順位を決めるための、価値観（自分・他者）の理解　←　価値観が育っている必要がある
⑥ 適切な方法を選ぶ力
⑦ 選択にあたり、他者の意見を聞（聴）くことができる力

3．自己表現力

自分がしたいこと、感じていること、考えていることを適切に表現する力

① 言語表現能力（話し言葉の発達、書き言葉の発達）
② 非言語的表現能力（ジェスチャー、表情、アイコンタクト、言葉の抑揚・スピード、姿勢など）
③ 行動力（表現したいタイミングに合わせて、自分のからだをうなずきや表情も含めて適切に動かすことができる力）

4．自己内省力

自分がとった行動が適切であったかを振り返り、次回へと調整することができる力

① 客観的な観察力
② 行動や言動の記憶力（視覚的、聴覚的）
③ 自分の感情を受け止める力（ストレスへの耐性）
④ 分析する力

Ⅱ　他者理解に関する力

相手が何をしたいのか（行動）、感じているのか（感情）、考えているのか（思考）を共感的に理解する力

①　客観的な観察ができる力（全体把握と行動予測）

②　相手の表情・抑揚を読み取る力（コミュニケーション能力）

例：「むこうに行ってて！」≒いじわる

（顔を見られたくない？　恥ずかしい？　自分で解決したい？　などの意味）

③　同じ状況が人によっては、とらえ方が異なることを理解する力（多面性の理解）

例：「雨が降ってきた」　体操が嫌いなＡ君にはうれしいこと

かさを忘れたＢさんには、困ったこと

放課後サッカーがあるＣ君には悔しいこと

④　相手の言葉を最後まで聞く力（傾聴の姿勢）

自分の言いたいことをホールディング（そっと包んでおく。抑圧、がまんではない）して相手の言い分を最後まで聞くことができる力

⑤　相手の話したこと、行動したことをまとめる力（概念化、抽象化、本質を見抜く力）

⑥　相手の話したこと、行動したことを覚えておく力（視覚記憶、音声記憶、細部記憶）

Ⅲ　相互理解に関する力

自分がやりたいこと、感じていること、考えていることを適切に理解し、表現し、相手のやりたいこと、感じていること、考えていることを適切に理解した上で、相互にとって望ましい解決ができる力

１．自己主張できる力

２．他者理解できる力

３．共感できる力

４．１～３にもとづいて、対立を解消できる力

①　ストレス耐性（様々なストレス対処方法が身についている）

②　迅速な情報処理（感情的にならず、冷静に何を理解し、何をすればよいかを判断する）

③　向社会的判断力（意思決定のために、道徳心が活性化している）

④　アサーション（自分も人も大切にする、自己主張の方法）

⑤　交渉力

⑥　WIN-WIN の解決法（Brown. I.　2003）

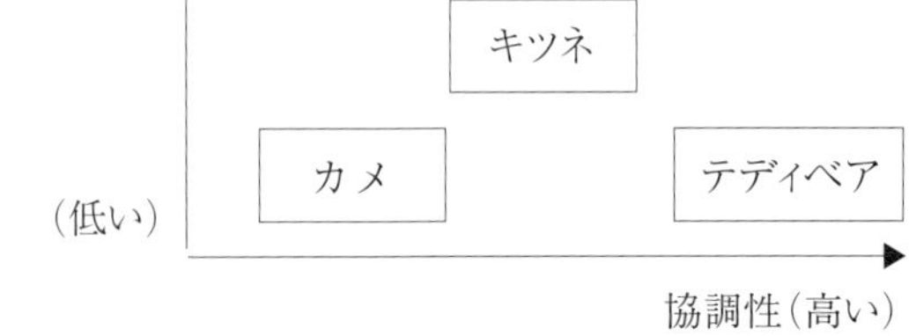
自己主張
サメ
ふくろう
キツネ
カメ
テディベア
（低い）
協調性（高い）

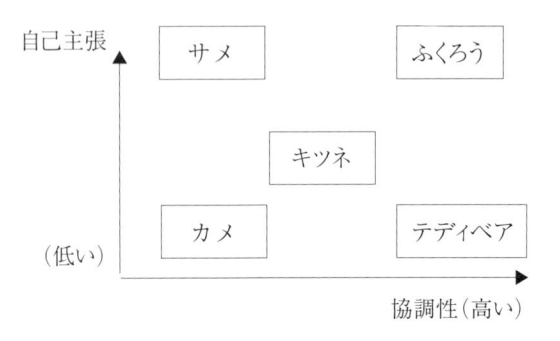

① **友達と一緒に作業をすることに関する知識と技術**

② **友達をつくるための知識や技術**

③ **友達関係を維持するための知識や技術**

教室での基本的なルールが理解でき、実行できるようになると、集団への所属意識が芽生えてきます。仲間入りをし、仲間関係を保つ力です。そのためには、共同作業ができるということが仲間入りの第一歩になります。同じ空間で、周囲の人と同じペースで活動ができれば、次に心の交流が始まります。

このスキルには、ⓐコミュニケーションに関係するものと、ⓑ対人関係についてのものがあります。ⓐとしては、「あいさつをする」「相手の話を最後まで聞く」「相手に質問をする」「相手の気持ちや考えを尋ねる」「相手の質問に答える」「会話を続ける」「会話を深める」などがあります。非言語のコミュニケーションとしての、ジェスチャー、表情のスキルもこのスキルに入ります。また、ⓑの人間関係維持としては、「約束を守る」「友達にうそをつかない」「うわさ話をしない」「依頼に応じる」「助けを求める」などがあります。このように、関係性が切れないように物理的・心理的に維持する力を育てます。

⑷ 積極的な友人関係を発展させるための知識や技術

最後に、関係性を発展させるための知識や技術として、次の4項目があります。

① **状況を理解する力**

② **積極的に物事にかかわる力**

③ **家庭での家族との関係を築く力**

④ **日常生活でのエチケット**

関係性を維持することができたら、その中で生じる様々な課題やトラブルを積極的に解決していく力が必要になります。新しい仲間を増やす、グループを変化させる、ケンカをしても仲直りができる、対立が生じても新しい解決方法が考えられるなどです。そのためには、「状況を理解する力」が必要になります。これは、自分と相手、あるいはグループの間に何が生じているのかを考える力です。

例えば、自分とＡさん、Ｂさんの３人のグループで、自分とＡさん、自分とＢさんの関係はよいけれども、ＡさんとＢさんがケンカしているとき、積極的に状況を把握して解決するためには、どうしたらいいでしょうか。

まず「なんとかなるだろう」と「ものごとを前向きにとらえる姿勢」が必要です。また「働きかける相手を信頼する」気持ちや、「最後まで自分の行動に責任を持つ」という意思力も必要になります。その上で、表２にあるような自分がその場に対して何を感じ、何を考え、どのように行動したいのかという「自己理解」「自己判断」「自己表現」を実践します。

同時に、相手がその行動を受け入れてくれるのか、相手にとっても好ましい判断であるのかを理解する「他者理解」に関する力も必要になります。相手も同様に感じているのであれば、「相互理解」へと進みます。「相互理解」には「アサーション」や対立解消のための「WIN-WIN の解決方法」「交渉力」などのスキルがあります。

対立解消については第２章を参照してください。この項目は、社会の中でのエチケットやマナーを守れるようになると完成されます。

4　いじめ、学級崩壊を起こす子どもの発達課題

いじめや暴力が頻繁に生じており、学級に健康な学級集団が形成されていないと、42ページの図のようなダイナミクスが生じています。いじめる子、暴れる子、それをはやし立てる子、積極的に注意する子、何もしないでいる子です。事例を通してそれぞれの生徒に何が不足しているかを考えてみたいと思います。

❶　いじめる子、暴力を振るう子に不足しているソーシャルスキル

事例4　太郎君（小５）は、楽しいことは大好きですが、自分の苦手なことやしたくないことはしません。先生を無視して好きなことをしています。注意されたり、無理にやらされそうになると、大声を出したり机をバンッとたたいて教室の外に出て行ったりします。自分の持ち物を勝手に触られると、蹴ったりたたいたりします。また、気に入らない子は、仲間の道夫君や大君に命じていじめたりします。先生が注意しても無視。話し合おうとしても、逃げて帰ってしまいます。からだが大きいので押さえ込むには２人がかりになりますし、ケガをするので危険です。お母さんもどうしていいかわからずにいます。

この例の太郎君の愛着から理解してみましょう。好きなものがあり、楽しいことが好きなので愛着は発達していますが、自己中心的な段階で、人に対する愛着は未発達です。仲間はいるようですが、道具のように使っているからです。また、自分のストレスを適切に把握したり表現したりすることが苦手で、無理にやらせようとすると大声を出し暴力を振るうのでは、ストレス耐性も低いようです。先生が注意をしても無視するわけですから、「先生の役割」が理解できていません。道徳性の発達も第１段階未満になります。

太郎君には、まず人に対する愛着を育てること、自分の気持ちを理解し、適切な表現方法を育てながら、道徳性を第１段階にすることが必要になります。

❷　はやし立てる子に不足しているソーシャルスキル

事例5　中１の次郎君と俊夫君は、カナさんにちょっかいを出して、キレさせます。カナさんが気にしていることや、失敗したときにカッとなるような言葉をタイミングよくかけるのです。毎回先生に注意を受けて、**「もうしない」と口では約束しますが、**１週間たつと忘れてしまうらしく、またし

ます。ターゲットはカナさんだけではなく、反応が派手な子たちです。先生がその場で注意すると先生にからんできます。彼らが揚げ足を取るのを聞いているとおもしろいので、周りの子どもも思わずケラケラと笑っているようです。一度は先生が逆切れしてしまいました。

個人面談をしたところ、「おもしろい。スキッとする」「え？　だって、キレてんのは相手だよ。俺ら、暴力振るってないじゃん」と、ケロッとした様子で話しました。

次郎君や俊夫君のようにはやし立てる子の課題は、「責任感」が希薄なことです。仲間は多くても、親友はいませんし、打ち込めるものも持っていません。愛着が育っていない背景として、感情の発達で快刺激への反応は豊富にある一方で、不快刺激に対する耐性（ストレス耐性）が低いことが考えられます。また、道徳性を逆手にとってからかうことも見られます。知的には標準以上ありますが、相手を言葉で論破するだけの知識や表現力は育っていないので、表面的に流してしまうのです。

彼らには、愛着を育て、1つのことや人と継続してかかわることを経験させる必要があります。また、自分の行動の意味に現実的に気づかせ、行動の開始から終結まで自分が行う力を育てる必要があります。

❸　傍観者の理解

事例6　中2のみちえさんは、クラスのほとんどの生徒から仲間はずれにされています。小学校から当たり前のようにそうされていたようで、中1で初めは一緒にいた生徒も次第にみちえさんに近づかなくなりました。グループ分けでは、いつも残ります。英語の会話でペアになった相手も、一緒にはいても声がけはしません。みちえさんが触ったプリントには、誰も触ろうとしないので、先生もみちえさんにだけ1枚渡して他の人に回させないようにしていました。

クラスの中心になっている女子生徒の気分次第で仲間はずれのターゲットが変わることを、小学校のときから周りの生徒はみんな知っているので、誰も止めようとしません。

傍観者になってしまう子どものタイプには、もともと感受性が鈍く、感情が平坦なタイプ、「不安」になると「葛藤」を回避する傾向が強いタイプの子がいます。前者は、他者への愛着が弱く、1人で活動するほうが好きなタイプです。後者は、不安傾向が強いので、周囲に影響されやすいタイプでもあります。また、両者ともに、ソーシャルスキルとしては「他者理解」に関する力が弱く、「自己表現力」が限られています。初めは自分の行為はいけないことだという道徳性が働いているのですが、次第に自分自身の内的な規範意識が集団に順応していきます。思いやりの高いクラスであればすぐれた力が発揮できる可能性があるにもかかわらず、集団の規範が低いと引きずられてしまうのです。感受性が育っているだけに、いけない行為だとわかっ

図８　いじめのグループダイナミクス

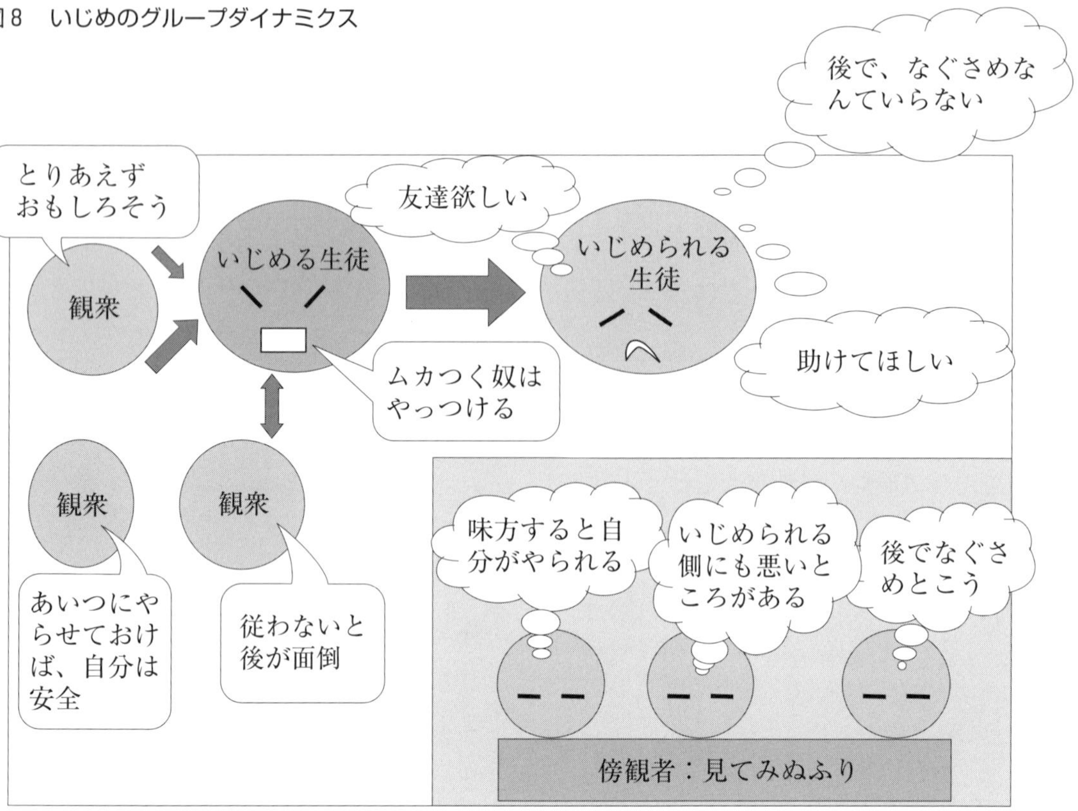

後で、なぐさめなんていらない
とりあえずおもしろそう
友達欲しい
いじめる生徒
いじめられる生徒
観衆
助けてほしい
ムカつく奴はやっつける
観衆
観衆
味方すると自分がやられる
いじめられる側にも悪いところがある
後でなぐさめとこう
あいつにやらせておけば、自分は安全
従わないと後が面倒
傍観者：見てみぬふり

て苦しくなります。この苦しさから逃れるために、次第に感受性そのものが鈍っていくのです。また、具体的に課題を解決する力や、それを伝えるコミュニケーション力も不足しています。

傍観者は、クラスでは過半数を占めるため、しっかりと育てる必要があります。まず、クラスの規範をつくることが大切です。傍観者が安心して正しい行動ができる環境づくりです。共同体の意識が育ってきたら、友達づくりの力やセルフエスティームを高めていきます。同時に、ストレス耐性をつけることも大切です。自分の不安を抱えながらも、道徳性に沿った標準的な行動ができるように支援してください。傍観者のソーシャルスキルを育てるには、教室での啓発教育が効果的です。

❹　まじめな子の理解

事例７　小４の崇君は、規則や時間をきちんと守り、クラスが一緒に行動することを好むタイプです。黒板は当番でなくても汚れていればさっときれいにし、準備ができていない人にも声をかけます。違反行為は、誰に対しても（年上に対しても）注意をします。

ところが、崇君のクラスには、行動が遅い子や勝手に動き回る子、いやなことは反抗してしない子などが数名おり、担任の先生はいつもその子たちへの対応に追われています。授業は、予定の半分程度しか進みませんし、いつも教室はざわざわしています。ベルが鳴ると崇君は「静かにしてください！」「先生が来ていますよ」「勝手なおしゃべりはやめてください」と叫び続けますが、生徒はほとんど聞いていない状態です。

学期の初めころは、先生と一緒に他の生徒の準備を手伝っていましたが、最近では「先生！　ほうっといて早く授業やりましょう」と崇君がキレてしまうこともたびたびになってきました。家では先生をバカにし始めています。

崇君の課題は、他者の気持ちへの共感性が欠けていること、ソーシャルスキルでは協働のスキルが不足していることです。そのため、道徳心は第２段階まで育っているにもかかわらず、人にも自分と同じやり方で実践することを求めてしまい、反発されています。先生という権威に対する依存も大きいので、クラスをまとめられない先生は、崇君にとって価値が下がってしまいました。

崇君には、他者の考え方や行動への興味関心を育て、他者理解を進めた上で、自分の気持ちを相手に伝えるコミュニケーション力をつける必要があります。また、先生の協力者として、サブリーダー的にクラスをまとめる力も必要になります。自分が仕切る力は持っていても、誰かが仕切っているときにそれに協調することに慣れていないためです。ここでも他者理解の力が必要になります。

❺　いじめられっ子の理解

事例８　小６のさとる君は、言葉がきつい男子や女子からいろいろなことを指摘されたり、「しつこい」「でしゃばり」「汗臭い」「うぜー」などの暴言を浴びせられたりしています。テストがいい点数で喜んでいると、「何それ？　自慢したいわけ？」と言い捨てられます。気持ちがやさしいので、女の子からはパシリに使われます。給食が大好きで、元気に食べていると「意地きたねー」と言われたり、パンでシチューをしっかり集めていると、クスクス笑われたりします。

身長や体重ではまさっているのですが、気持ちが揺れやすく、すぐに泣いたり大声で「なんで？」「やめてよね〜！」と叫んだり、追いかけてきたりするので、からかわれやすいのです。女子も４〜５年生の間はさとる君をかばったりしていましたが、「無視しなよ」と言っても聞かないさとる君に対して、「あの子にも原因があるんだから」と見放したり、バカにしたりします。

さとる君は、みんなが自分のことをバカにしているように思ったり、何か失敗しやしないかと毎日落ち込んでいます。先生に相談しましたが、「気にしすぎだ。悪気はないのよ」と言われ、気にする自分が悪いのだと思い込み、寝つきが悪くなってしまいました。夢の中で蛆虫が襲ってくるというような体験もしてきています。

さとる君は、感受性が豊かですし、物や友達への愛着も強く持っています。自分の気持ちも周囲の人の気持ちも繊細に感じ取ります。道徳性も第３段階まで発達していますから、自分よりも他者の要求を先に通そうとします。

さとる君に不足しているのは、ソーシャルスキルとしての「自己判断力」および「自己表現力」です（表２の２と３）。これは、自分が伝えたいことを相手にどうしたらわかってもらえるかについての「情報を集める」「整理する」「全体把握」をした上で、適切な方法を選ぶ力です。また、どの方法が適切かを判断する材料として「他者理解に関する力」が必要です。「全体を見通す」「同じ状況でも、人によってとらえ方が異なることを理解する力」「相手の話したことや行動をまとめる力」です。

第2章

ストレスに強い子どもを育てるためのワーク集

1　感受性・共感性を豊かにするワーク集

第１章でご説明したキレやすい子どもの理解に基づいて、本章では、これらの子どもたちがストレス耐性をつけたり、キレやすいシチュエーションをうまく回避したり、自己コントロールする力を身につけたりするために必要な具体的な方法をご紹介します。これらは、キレやすい子どもだけでなく、すべての子どもたちを、ストレスに強い子ども、キレにくい子どもに育てるための予防教育としても大変有効です。

キレにくい心を育てる活動は、「感受性・共感性」や「道徳性」の育成、および意思をからだに伝えるための「感覚統合」、そして対人関係を良好にするための「ソーシャルスキル・トレーニング」に分かれます。

活動の流れについては、第３章で詳述しますが、導入時には具体的でわかりやすい課題を選ぶこと、レベルを上げていく場合は、認知や感情の発達段階を考慮して抽象的な内容も加えていくことがポイントです。小学生から高校生まで、広い年齢層に対応するようワーク等を選んであります。また、次のような発達段階を考慮したポイントについてもできる限りふれるようにしました。

小学生では、「遊び」やゲーム感覚のワークを入れると、体験の導入がしやすくなります。

中学生では、「協力」をテーマにした作業を中心とする活動がふさわしいでしょう。

また、高校生では、「身近な話題」を中心にした「コミュニケーション」を中心に行うことをお薦めします。

この節ではまず、感受性・共感性を豊かにするワークをご紹介します。感受性を発達させるには、幼少期に人や物への「愛着」を発達させることが大切だということはすでに述べました(第１章第３節)。愛着を育てるためには、前提として次の各条件が満たされていることが必要です。

- 感情が十分に分化している
- 自分の感情を理解することができる
- 自分の感情を適切に表現する手段を持っている
- 相手の感情を理解することができる

• 相手がその感情をどのようにしてほしいかを理解することができる

第1節では、それぞれの条件を整えるために、次のような基本的なワークをご紹介します。また、ワークをスムーズにするワークシートも用意しました。

1　自分の感情を理解し表現するためのワーク
　「今日の気分は？」「『ふわふわ言葉』と『ちくちく言葉』」
　「イライラ虫を退治しよう」

2　相手の感情を理解するワーク
　「相手の表情から気持ちを想像するワーク」「手紙や文章から気持ちを理解するワーク」
　「ロールレタリング」

3　感覚統合を促すワーク
　(1)　耳と言葉をつなげよう——音を聞き分ける活動
　　旗振り遊び　仲間集め　だるまさんの絵日記「ガッチュ・つかまえて」カルタ
　(2)　目と言葉をつなげよう——見たことを言葉にしていく活動
　　写し絵　人間コピー
　(3)　目とからだの動き（粗大運動・微細運動）をつなげよう
　　鏡のストレッチ　負けじゃんけん　2つあるのは？　数合わせ　ジェスチャーゲーム
　　ジップ・ザップ　パタパタ
　(4)　からだと言葉をつなげよう
　　ゴー・ストップ・バック　ブラックボックス

❶ 自分の感情を理解し表現するためのワーク

今日の気分は？

目 的

自分の気持ちを、「表情カード」や「表情ポスター」を使ってモニタリング（客観的に把握）します。

進め方

① その日の気持ちを示す活動　子どもは、表情カードから、その日の気持ちを選んでワークシートに表情を描きます。幼児や低学年で絵が上手に描けないときは、黒板に貼った「表情ポスター」に自分の名前を磁石でとめたり、「表情マグネット」を活用したりしてもいいでしょう。先生のお手製の表情シートをプリントして配り、該当する表情を切り張りして使ってもいいでしょう。

活動のアレンジとして、折り紙で色を選び、気持ちの形を切り取ることもできます。

② 活動前後の変化を記録　グループ活動前後の変化を記録したいときは、活動の前後での「気持ち」を比較します。

③ トラブル時に気持ちを振り返る　トラブル時の自分の気持ちを振り返るには、「表情カード」を使うと効果的です。まず、カッとなったときの表情を選び、次にその直前までどんな気持ちだったのかを選びます。その間に何があったのかを説明することで、子ども自身に「引きがね」を理解させたり、本当に表現したい気持ちを理解させたりします。

また、カッとなって起こしてしまった行動の結果、自分がどんな気持ちになっているかも考えます。最後に、家に帰るまでにどんな気持ちになりたいか、そのために何をすればいいかを考えていきます。

トラブル時の気持ちを振り返る

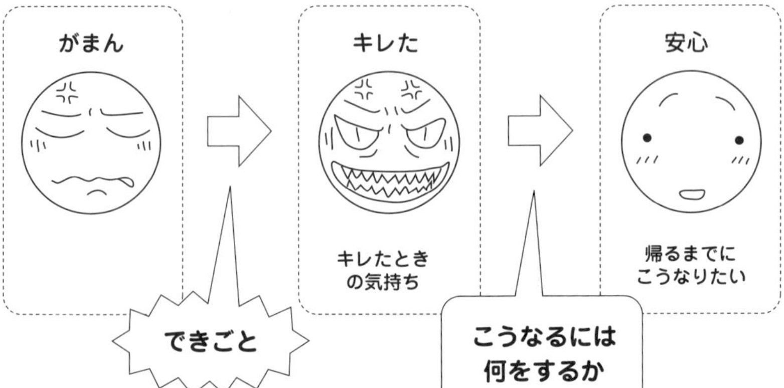
がまん
キレた
安心
キレたとき
の気持ち
帰るまでに
こうなりたい
できごと
こうなるには
何をするか

「今日の気分は？」（活動前後の気持ちの変化の記録）

月　日	活動前	活動後
	  そうなったわけ	 そうなったわけ
	  そうなったわけ	 そうなったわけ
	  そうなったわけ	 そうなったわけ
	  そうなったわけ	 そうなったわけ
きづいたこと		

空欄には、表情シートの絵を描いたり、プリントされた表情を切り貼りしたりします。

「ふわふわ言葉」と「ちくちく言葉」

目的

自分の気持ちを表現する適切な言葉を学びます。

相手が自分の言葉によって、あったかい気持ちになったり冷たい気持ちになったりすることも学びます。

進め方

まず「聞いてここちよい言葉」「見てここちよい表情」「やってもらうとうれしい行動」を、子どもと一緒にリストアップします。また、「聞いていやな言葉」「見てムカッとする表情」「してもらいたくない行動」もリストアップしていきます。

意見が出るクラスなら、各自が口頭で出した言葉を板書したり、グループで話し合ってまとめたりします。意見が出にくいクラスの場合は、各自にカードを渡して、いくつか書いてもらったものを箱に入れ、みんなの前で匿名で発表していきます。

次に、リストアップされた言葉を、みんなの前で整理します。最後に、「ふわふわ言葉」と「ちくちく言葉」をロールプレイで言い合い、言葉のもつ影響力についての理解を深めます。ワードウォール（学習や行事など各時期のキーワードを書いた模造紙を壁に貼ったもの）にして日常的に確認していくとより効果的でしょう。

「SST カード」（鈴村、本田、2004）や、ロールプレイから導入する方法もありますので、クラスの状況に応じて工夫してみてください。抽象的な話よりもクラスの日常に即した出来事をとりあげて導入をするほうが効果的です。

また、振り返りとしては、自分がどの言葉をよく使っているかについての「気づき」を促進することが大切です。人にはやさしくしてほしいと思っているのに、自分は「ちくちく言葉」を投げつけている子どももいるからです。

「ふわふわ言葉」のワードウォール

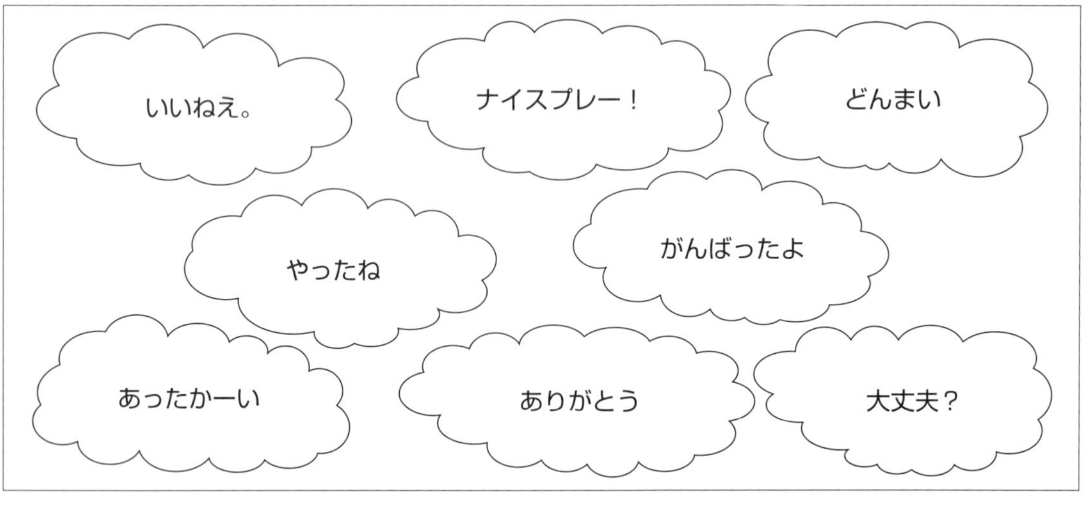
いいねえ。
ナイスプレー！
どんまい
やったね
がんばったよ
あったかーい
ありがとう
大丈夫？

4コママンガ「ふわふわ言葉って？」

イライラ虫を退治しよう

目　的　自分のイライラのもとを理解し、気持ちを変える力をつけます。

進め方　次のページのワークシートと「表情シート」(48ページの「進め方」参照) を配布します。「学習のストレス」「家でのストレス」「友達関係でのストレス」などから、子どもに理解してもらいたいものを選びます。まず、自分の気持ちをそれぞれの表情につけられた記号で円に記入します。次に、その原因になっている「イライラのもと」を考え、どのような気持ちに変えたいかを表情シートから選び記入します。そして、「イライラのもと」に対して具体的に何をしてあげればよいかを自分に提案します。

介入のポイント　何にイライラしているかを見つけるために、いろいろな出来事を思い描くのを助けるには、具体的に次のような質問をしてみます。「最近、家で、いやだなとか悲しいなって思うことあった？」。あれば、その気持ちの表情を選びます。次に、「そのとき、どんなことがあったの？」とたずねます。出た答えを「イライラのもと」に書きます。

「わからない」「特にない」という子どもは、気持ちを抑圧している場合と、気持ちを表現するのが苦手な場合があります。抑圧タイプの場合には、「最近気になることだけ書いてみて」と、事実レベルで止めておきます。表現が苦手なタイプの場合は、シートから表情が選べればOKにします。彼らには、「今日の気分は？」(48ページ) を使いながら、気持ちのモニタリングをするところから慣れさせてください。

イライラ虫を退治しよう！

お勉強でのストレスには
どんなものがありますか？

イライラのもと

そのことを考えると
こんな気持ちになる

こういう気持ちに
なりたい

気持ちを変えるために
自分に何をしてあげたらいいでしょう？

お家の生活でのストレスには
どんなものがありますか？

イライラのもと

そのことを考えると
こんな気持ちになる

こういう気持ちに
なりたい

気持ちを変えるために
自分に何をしてあげたらいいでしょう？

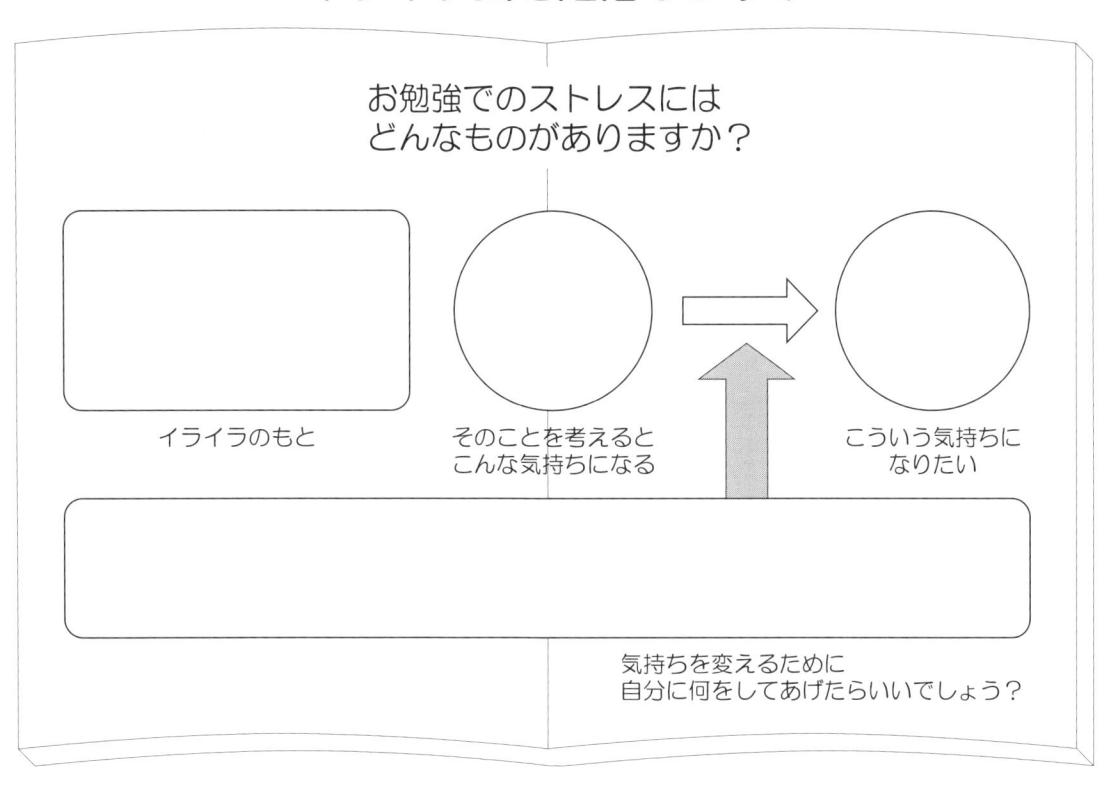

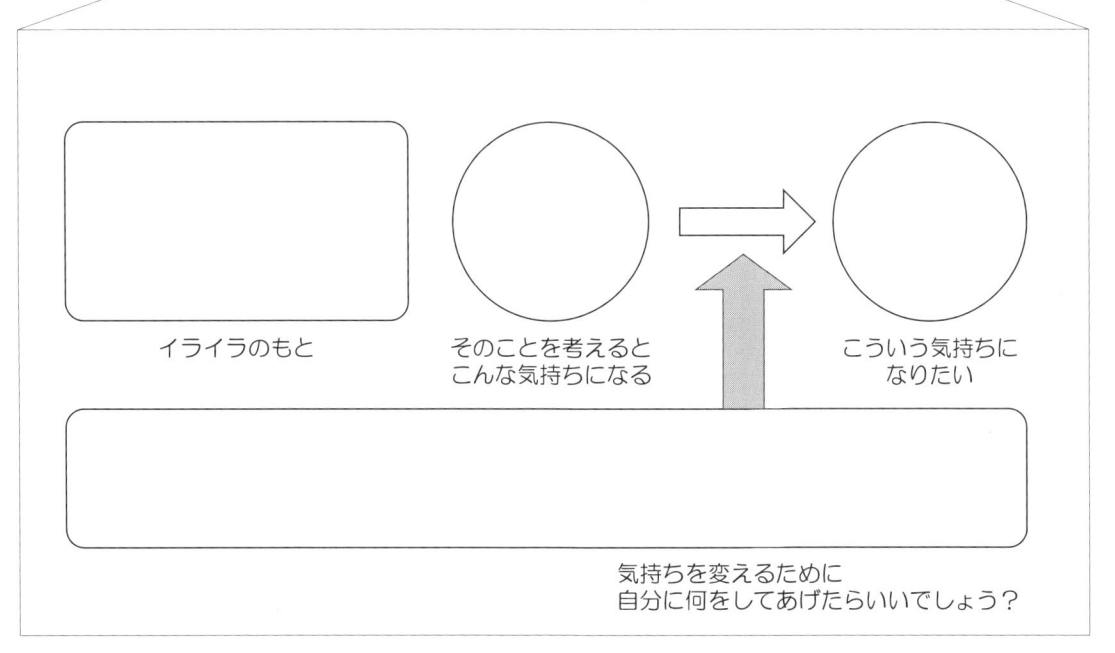

❷ 相手の感情を理解するワーク

相手の表情から気持ちを想像するワーク（場面カード）

目的

ある場面の写真や絵から、その人の気持ちと背景を推測し、それぞれの推測を出し合うことで、相手の表情から気持ちを理解することに慣れていきます。

次の①〜③のような、子どもが日常よく出会うような対人関係の場面と、そのときの気持ちを表した表情がわかるような絵や写真をいくつか用意します。

準備するもの

①子どもが１人だけでそうじをしている場面

②えんぴつを忘れた子に隣の子が貸してあげている場面

③２人の子どもが一輪車をとりあいしている場面

（次ページのイラストをプリントして配ってもいいでしょう。）

進め方

準備した写真や絵を見せ、一人ひとりの表情やしぐさに注目しながら、その人がどんな気持ちでいると思うかを子どもに問いかけます。

次にそう考えた理由を話してもらいます。

小学校低学年の場合は、全体で考えを出し合います。まだ話し合いのスキルが未発達だからです。４年生以上であれば、導入の１枚は全体で行いますが、残りのカードについては４、５名のグループで話し合いを進めてください。話し合った内容をまとめる簡単なワークシートを渡しておくとよいでしょう。

★注意　相手の感情を理解するためには、まず自分の中に様々な感情が育っている必要があります。自分の気持ちがよくわからない子どもの場合は、48ページの「自分の感情を理解し表現するためのワーク」から始めます。

ポイント

子どもたちがどの人物に注目しているかを見てください。

一人ひとりの子どもが、この絵をどのように理解できるのかについて深く考えることができるような発問をしてください。

例えば、「何を見ていると思う？」「それを見て何を言おうとしてるのかな？」「どんな気持ちだろうね？」「このあとどうすると思う？」「誰に来てほしいかな」「あなただったら、ここでなんて言ってあげる？」など。

忘レタ
!!!
どうぞ

手紙や文章から気持ちを理解するワーク

目的　絵や写真などの視覚的な材料がなくても、話された言葉や手紙などの文から気持ちを想像する力を育てます。

準備　クラスの現状や子どもたちの関心事に合わせて、いくつかの手紙や文章を、例としてつくっておきます。その中から子どもたちに１つ選ばせてもいいでしょう。

進め方　国語の授業や道徳、社会などの授業でできます。短い文章を読み、その場面を映像として思い浮かべる練習をします。

文章は、登場人物が１人のもの、２人のもの、２人以上のものと、次第に登場人物の人間関係を複雑にしていきます。ターゲットにしたい「気持ち」は、その年齢やクラスの状況に応じて選んでください。

また、文章は、「楽しさ」「悲しさ」「寂しさ」「つらさ」などがわかりやすいものを選んでください。

レベル１　いろいろな気持ちが１つ描かれているもの

「夏休み、いなかに遊びにいくことを記した手紙」

「友達に自分の悩みを打ち明けている手紙」

「引っ越す子の別れの手紙」など

レベル２　１つの文章の中で気持ちが揺れ動いているもの

「先生にクラスをまとめてほしいと訴えている手紙」

レベル３　気持ちがわかりにくいもの

表情や態度を説明した文章から、人物の気持ちを理解してもらいます。写真や絵などの視覚的な手がかりがない活動のときには、考えや気持ちを深めていくワークシートが重要な働きをします。

手紙から気持ちを理解するワーク　レベル２

次の手紙は、中学１年生のさとるくんが、担任の先生にあてて書いたものです。

先生へ
急に手紙なんか出してごめんなさい。
でも、手紙のほうがうまく言えそうなので、読んでください。
今日の数学の授業、すごくうるさくて、みんな勝手なことをしてましたよね。
先生は、クラスのことをどう思ってますか。
なんで先生は、注意しないんですか？　手紙は飛ばしてくるし、勝手にしゃべるし
もうがまんできないです。授業が終わってから、AさんとBくんは、
「みんなしね」とか言うし、Cさんは、「塾のプリントでもやってればいいんだよ」と
言ってました。Dくんは「おまえも楽しめばいいじゃん」と言います。
ぼくは、何が正しいのだか　わからなくなりました。
なんでみんなちゃんと授業うけないんだろう？
先生は、これでいいんですか？ぼく ひとりが あつくなってるみたいで、
なんだか もう どうでもよくなってしまいそうです。

ワーク１　さとるくんの気持ちがわかる部分にアンダーラインを引いてください。

ワーク２　その気持ちは、①どんな気持ちで、②誰に伝えたいのか、表に書き入れてください。

文	①気持ち	②相手（誰に伝えたいか）
例：ごめんなさい	例：申し訳ない、遠慮	例：先生

ワーク３　この中でさとるくんが先生に一番伝えたいのは、どんな気持ちでしょう？

ワーク４　あなたなら、さとるくんに何と言いますか？

さとるくんへ。

ロールレタリング

目　的

他者の視点に立って、出来事を見つめ、その人の気持ちが理解できるようにします。

進め方

★個別のアンガーマネージメントや継続指導で活用してください

ある人物や役割になって手紙を書く方法です。

・父親になったつもりで自分に手紙を書く

・ケンカしている友達になったつもりで自分に手紙を書く

など、理解したい相手の立場に立って自分にあてた手紙を書いていきます。

この例では、ルーシーがあやのちゃんの立場に立って手紙を書こうとしています。

ルーシーは、あやのちゃんと遊んでいると、友だちがあやのちゃんにばかり声をかけるので、やきもちをやいておこってしまいました。

あやのだったら何て言うかな…
?
ズルイ、あやのばっかり
「ルーシーへ、
ルーシーは私のことを"ズルイ"と言ったけど、どうしてずるいのか分かりません。…

ムカー!!
私が言われたら…
きずついた!
おどろいた…
?

❸ 感覚統合を促すワーク

感覚統合とは、見たこと、聞いたこと、感じたこと、考えたことや行動を結びつけることです。脳の働きでいうと、右脳と左脳をつなげる働きです。考えたことを行動に移したり、意思で行動をコントロールしたりするのは左脳から右脳への働きです。また、心で感じたことや目で見たこと、体験したことを言葉にしたり、なぜそうなるのかを考えたりするのは右脳から左脳への働きかけです。

感覚統合が順調に機能すると、右脳と左脳がバランスよく働くようになり、状況を適切に理解したり、行動をコントロールしたりしやすくなります。

(1) 耳と言葉をつなげよう
――音を聞き分ける活動

人は日常、耳で聞いた音をすばやく意味づけて運動に移しています。この機能を強化すると、行動の切り替えや指示にタイミングよく従うことができたり、相手が欲している行動がすばやくできるようになったりします。

そのために次のようなトレーニング方法があります。「音を聞き分ける」から始めます。

①ベル、風鈴、鈴など似ている音を聞き分けたり、聞き分けた音を出すものを絵や写真から探したりします。

②自然の音を言葉（文字）で表します。

この活動ができるようになると、友達の声の抑揚を聞き分けて意味を理解することができたり、言葉の聞き間違いが少なくなったりします。

旗振り遊び

子どもが赤旗と白旗を持ち、指示にしたがって２つの旗を上げたり下げたりします。指示は、「赤上げて、白下げないで、赤下げて」と、抑揚をつけてテンポをゆるめたり速めたりして行います。ゲーム的に楽しんで行いたいものです。

仲間集め

先生が続けて手をたたきます。何回たたいたかを聞き取り、たたいた数と同じ人数をすばやく集めます。

だるまさんの絵日記

伝統あそび「だるまさんがころんだ」の変形。一歩進む代わりに、オニが言ったとおりの身振りをしていないとつかまってしまうゲームです。例「だるまさんがご飯食べた」「だるまさんがジャンプした」

「ガッチュ・つかまえて」

輪になって、右手はおにぎり、左手はお皿に見立てます。メンバーは、「がちょーん」「ガッチャマン」など口々に「ガッチュ」に似た音を言います。似た言葉を誰が言ってもいいのですが、「ガッチュ」という言葉を聞いたときだけ左手で隣の人のおにぎりをつかまえることができます。間違えてつかまえたら抜けていきます。

カルタ

様々な種類のカルタの絵カードをまぜて並べて行うカルタ取りです。読みカードの内容を様々なカルタから探す活動は、耳と目、集中力のトレーニングに適しています。簡単な言葉のカルタから、「なぞなぞカルタ」「漢字カルタ」「地方の名産物さがしカルタ」「歴史人物カルタ」など、特徴のあるカルタを用意しましょう。

⑵　目と言葉をつなげよう
――見たことを言葉にしていく活動

目で見たことを言葉にする活動です。この力がつくと、状況を正確に記憶したり、説明したりすることができるようになります。

写し絵（２人組み）

２人が１組になり、背中合わせになります。１人が簡単な絵を見ながら、その内容を相手に話し言葉だけで伝えます。相手は、聞いた内容を白い紙に描いていきます。

人間コピー（4～5名）

教師が1枚の絵（切り紙での貼り絵でもよい）を持ちます。グループから1名ずつその絵を見に来て記憶します。グループに戻って、話し言葉だけでどこに何があるかを伝えます。順番に絵を見に行きながら、見る人、描く人、貼る人の役割を変えていきます。

⑶ 目とからだの動き（粗大運動・微細運動）をつなげよう

これは、見た通りに活動するという模倣運動の力を伸ばす活動です。新しいスキルを獲得するときに役立ちます。

鏡のストレッチ

2人1組で向かい合い、片方の動きをもう1人がそっくりにまねします。相手が「鏡だ！」と思うような動きをつくりだします。

負けじゃんけん

リーダーが出したじゃんけんの手に他のメンバーが一斉に負ける手を出します。掛け声やテンポを工夫して楽しく行います。

2つあるのは？

子どもたちがよく知っている風景や、アニメのキャラクターなどの写真や絵をカードにします。いくつかのカードには、まったく同じものをもう1枚用意しておきます。ホワイトボードに並べて、同じものが2つあるものを探してもらいます。

数合わせ

2人組から始めます。リーダーが言う数字を2人の指の合計でつくるものです。最初は片手から、次は両手と進めます。2人ができるようになったら、3～4名のグループで、指でそれぞれが数字を出します。例えば2人組で「7」と言うと、1人が4、もう一人が3を出したらあがりです。3人組なら2、2、3や、1、4、2などの組み合わせができます。数字は自由に組み合わせてください。

ジェスチャーゲーム

カードに書かれた、「ペンギン」「野球のピッチャー」「校長先生」「ピカチュー」「起きたばかりのお父さん」などの内容を

動作で示します。簡単にわかるものから、形容詞をつけて難しくしたもの、２人組で演じるものなど組み合わせてください。

ジップ・ザップ

グループで輪になります。オニが１人中に入り、「ジップ」と叫んでジップ光線をメンバーに当てます。自分に向かって「ジップ」と言われて光線を当てられた人は、すばやく頭を抑えて座ります。座れないとオニになります。

また、光線を当てられた両隣の人は、すばやく両手を出して光線を受けた人を守ります。守ってもらえれば、オニにはなりません。

パタパタ

グループで輪になって座ります。リーダーが片手でひざをパタパタとたたくと、隣の人がそれをまねて次々とパタパタという音と動作を伝えていくというものです。次の人に音を伝えるとき、手の動きのパターンを変えて、手をこする、指を鳴らす、ひざをたたく、床をたたくなどを順番に回していくと、輪唱のように音が流れていきます。

このほかにも様々な活動があります。体育や休み時間の遊びを通じて感覚統合を進めてみてください。

⑷ からだと言葉をつなげよう

身体感覚を言葉にすることができると、からだの調子を適切に表現できるようになったり、雰囲気や気持ちなども言葉で説明できるようになっていきます。また、運動指令も適切に伝わりやすくなり、調和の取れたからだの動きができるようになっていきます。

ゴー・ストップ・バック

号令に合わせてからだの動きをすばやく変える運動です。「ゴー」は前進、「ストップ」はその場で止まる、「バック」は後ろ向きに進みます。

まず、1列に並び、1番前の人が最後の人の後ろについて輪になります。同じ方向を向き「ゴー」で前進を始めます。「ストップ」を言われないときは進む方向は同じなので、「ゴー」の次に「バック」と言われたら今まで進んでいた方向に後ろ向きで進みます。「ゴー」「ストップ」「バック」になったら、今まで進んでいた方向と反対に後ろ向きで進みます。

応用編は、「ゴー」が後ろ向き「バック」が前向きになります。

ブラックボックス

箱の中に入れてあるものを手で触るだけで、何が入っているのかを当てる活動です。手ざわり、形、大きさなどを指先や手のひらの感覚を研ぎ澄ませて、想像しながら頭の中にイメージできるようにしていきます。

2　ソーシャルスキルを育てるには

❶　学校や社会のルールと折り合うストレス耐性をつける活動とスキル

ソーシャルスキルの詳しい内容については、第１章第３節を参照してください。

これらのスキルを身につけるには、まず自分の欲求と社会のルールの折り合いをつける力、つまり「ストレス耐性」が必要になります。また、学校でのトラブルに対応するためには、自分を大切にするセルフエスティームが必要になります。

第１節では、ムカムカして物に当たってしまったり、自分の欲求だけを実現しようとする行動を変容していくために、「自分の気持ち」や「何がしたいのか」を理解したり表現したりする力を育てる活動を紹介しました。様々な感情を育てるワークやからだの感覚の統合を促進するワークなどです。また、相手の立場に立って感じたり考えたりする「共感性」を呼び起こす活動も紹介しました。

本節では、自分の気持ちと相手の気持ちの折り合いをつけていくための「コミュニケーション力」や様々な課題場面を解決していくための「ソーシャルスキル」を育てる活動を紹介します。人とかかわりながら生活していく場合、まず社会に仲間入りしなくてはなりません。そのためには、社会のルールや権威を受け入れる態度やスキルを身につけることが必要になります。自分の欲求をコントロールしながら、社会のルールに従うためには、ストレス耐性が必要になります。

次に、安全な居場所を確保するためには、自分の気持ちややりたいことを適切に伝えるための「自己表現力」が必要になります。これには、言葉で伝える力と表情、行動などで伝える力があります。また、相手になかなかわかってもらえなくても、イライラせずに伝えるためには、「ストレスマネージメント」が必要ですし、途中で「もういいよ」と投げ出さないためには「自分を大切にする気持ち（セルフエスティーム）」が必要になります。

自分の気持ちや考えを伝えられる「アサーション」ができるようになったら、相手と協力したり交渉したりしながら対立した意見を調整していくスキルを学びます。「対立解消」のスキルが獲得できれば、お互いの意見が異なっていても、どちらかが従うのではなく、お互いの共通点を見出して新しい解決策を見つけ、社会をより発展させていくことができるのです。

ストレス風船

目的

自分のストレスがどのように膨らんでいくのかを、目に見えるかたちで理解します。また、ストレスをためすぎるとどうなるかを理解します。

準備

風船３個以上、空気入れ３本、蜂（写真参照）を用意します。空気入れには、「勉強」「友達」「家」など子どものストレス場面を書いて貼っておきます。風船にマジックで、怒った顔や悲しい顔を描いておいてもよいでしょう。

進め方

風船を空気入れにセットし、「家でのストレスにはどんなことがありますか？」と、子どもに問いかけます。子どもから、「弟がぼくのものを勝手にさわる」などと答えがあがったら、「そのストレスは、最高レベルを５とすると、１から５のレベルのどのくらい？」と問いかけます。「え～と、３かな」と答えがありましたら、空気入れで３回膨らませます。何名かにストレスを聞いていき、そのたびに空気を入れます。

そして、風船がパンパンになっているところに、針のついた蜂を登場させます。「この状態のときに、『早く勉強しなさい。なんでゲームばっかりやってんの！』とか言われたらどうなるでしょう？」と問いかけて、蜂の針を刺し、パーンと風船を破裂させます。

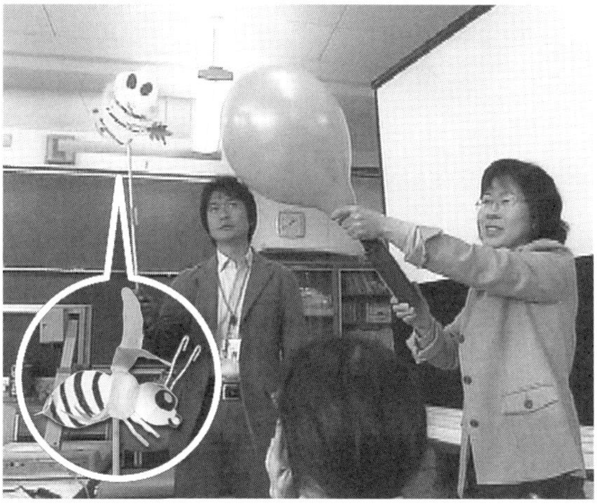

「風船のように割れてしまったら、自分も周囲もびっくりするよね。割れるまでストレスを貯めてしまうことも、とっても苦しいよね」などと話し、子どもたちと一緒に、上手にストレスマネージメントをする方法を考えます。このとき、ストレス発散が「八つ当たり」にならないようにすることも教えます。

怒りの火山

目的

「怒り」によってからだと心がどのような変化をするかを視覚的に示して理解を促します。

準備

次ページのワークシートを拡大コピーして黒板に張ります（OHPや書画カメラで大写しもできます）。子どもの手元資料として配布してもいいでしょう。

進め方

子どもたちに、ストレスがたまって爆発してしまったことはあるかを尋ね、「ある」という子どもがいたら、イライラして爆発してしまうまでにからだがどのようになっていったかを尋ねながら、「怒りの火山」の低いレベルから身体の状態を記入していきます。「心臓がどきどきする」「息が荒くなる」「頭の後ろがカーッとなる」「胃がボコボコ言う」などです。

次に、火山の下半分には、からだが興奮するにつれて言葉や考えがどのようになっていったかを記入していきます。このとき、イメージを膨らませながらからだが頂点で爆発しているときは、考えはほぼ停止状態だということに気づかせることが大切です。「頭が真っ白」になったことがあるかを聞いてみるのもいいでしょう。そのときにやったことは、自分でもよく覚えていないことや、からだが勝手に動いてしまうことを確認します。

その後、「頭が真っ白」になる前にからだの興奮をしずめていくにはどうしたらいいか、を考えていきます。意見が出そうなクラスなら、子どもたちに具体的なストレス解消の方法を聞いてみます。

子どもからの意見を板書するときに、次のようなカテゴリーに分けてみてください。

「からだのリラクゼーション」（運動する、遊ぶなど）

「目からのリラクゼーション」（好きな絵を見る、マンガを読むなど）

「耳からのリラクゼーション」（音楽を聴く）

「人とのリラクゼーション」（友達に聞いてもらう）

このあと、SSTカードの「ストレスマネジメント」（68ページ）に入ります。

怒りの火山って知ってますか？

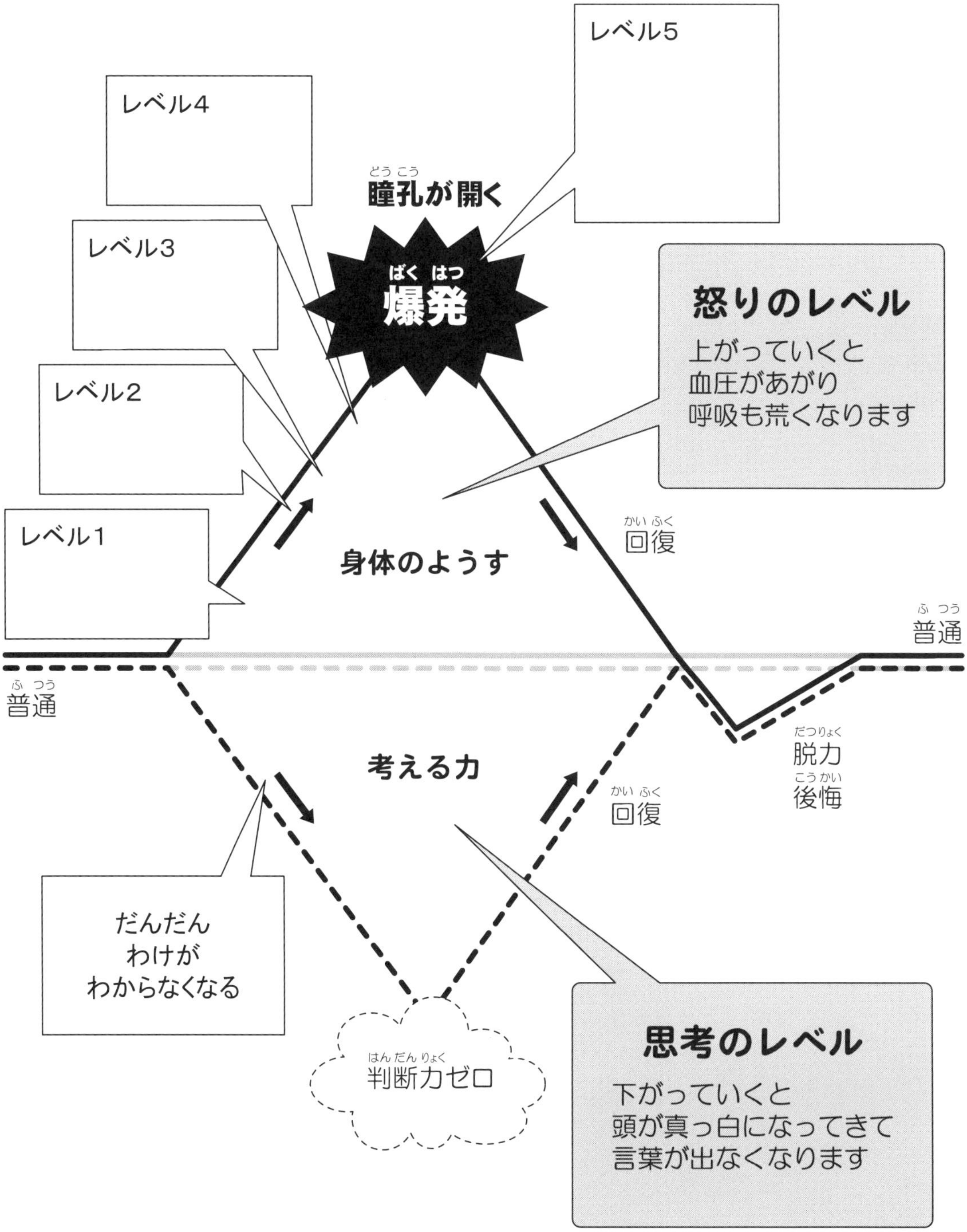
レベル5
レベル4
瞳孔《どうこう》が開く
レベル3
爆発《ばくはつ》
怒りのレベル
上がっていくと
血圧があがり
呼吸も荒くなります
レベル2
レベル1
回復《かいふく》
身体のようす
普通《ふつう》
普通《ふつう》
脱力《だつりょく》
後悔《こうかい》
考える力
回復《かいふく》
だんだん
わけが
わからなくなる
判断力《はんだんりょく》ゼロ
思考のレベル
下がっていくと
頭が真っ白になってきて
言葉が出なくなります

SSTカード「ストレスマネージメント」

SSTカード（鈴村、本田、2004。154ページ、参照）には、ソーシャルスキル学習に必要な5種類のテーマ「セルフエスティーム」「ストレスマネージメント」「友だちの作り方」「対立の解消」「上手なグループ活動の進め方」について、それぞれ10ずつのスキルが入っています。カードの表面は絵で、その項目を教えるときに必要な内容が裏面に書いてありますので、実施する際には裏面の説明を参考にしてください。第3章に、小学校での活用例を紹介しました。

目　的

・ストレス解消のための基本的なスキルを学びます。

①気分転換やリラクゼーションにより、ストレスの量を減らす方法。
②具体的に問題を解決する方法があることを知ります。

進め方

・1週間に1つの項目を学んで実践していく場合

気分転換やリラクゼーションの方法には、「深呼吸」「からだを動かす」「音楽を聴く」「自然と親しむ」「リラックスした状態をイメージする」などがあります。

朝の会やショート・ホームルーム（SHR）で、こうしたリラクゼーションのやり方を1項目ずつ紹介し、実践していきます。帰りの会では、上手に気分転換ができたかの振り返りを行い、うまくいかなかった人にはどうしてかを考えてもらい、翌日から工夫をしていきます。

基本的な気分転換の練習は、「怒りの火山」や「ストレス風船」と組み合わせて、1つの授業の中で実施することができます。

・授業で具体的な問題解決方法を学ぶ場合

リラクゼーションを学ぶことができたら「具体的に問題を解決する方法」を学びます。

これは、「イライラのもとを探す」「問題を前向きに考える」「どのように解決すればよいかをイメージしてみる」「具体的な解決方法を探す」「1人で解決できないことは、助けを求めてみる」などです。

教材としては、「イライラ虫を退治しよう」（52ページ）や感覚統合で紹介した「場面カード」（54ページ）が活用できます。

SST カード裏面

上手なストレス解消方法

1. 大きく3回　深呼吸
2. カウントダウン
   5…4…3…2…1…0
3. 身体を動かす
4. 楽しいことをする
5. イライラのもとを探す
6. 前向きに考える
7. 助けを求めてみる
8. 具体的な解決策を探す

❷ セルフエスティームを高める活動

SSTカード「セルフエスティーム」

目 的

ありのままの自分を受け入れ、自信を持つとはどういうことかを理解し、その実現方法（スキル）を知ります。

進め方

市販のSSTカード（154ページ参照）のシリーズのうち、「1．セルフエスティーム」の１枚目「自分のことには責任を持とう」を使った実践例です。

・１週間に１つの標語を理解し、実践していく場合の進め方

ステップ１　絵を理解する「この場面では、何をしていますか？」

絵の全体を見せた後、１つ１つに注目させていきます。１のカード（右ページの１番上）には、背が低いしょうた君が足台を使って、一生懸命に自分で洗濯物を干している場面が描かれています。その隣では、背が高く力持ちのユウキ君が楽々と干しています。

最初のステップでは、自分が絵の中から見つけたことを正確に表現させてください。カードには子どもの気づきを促進させる様々なしかけがなされています。絵カードをじっくり見たり考えたりすることで、日常生活における様々な状況を客観的に見る力を育てます。

ステップ２　責任感とセルフエスティームの関係に気づく

次に、絵の中の１人ずつに注目して、「もし、自分でやらずに人に頼んだ場合、どんな気持ちになるか？」について考えていきます。

しょうた君が人に頼んだら、仕事は速くてきちんとできるかもしれないけれど、自分の達成感はないことや、ユウキ君が誰かに命令してやらせた場合、ユウキ君は楽だけれども、人から怖がられたり、自分の力にはならないことに気づかせます。その上で、「自分でがんばってやってみたら、どんな気持ちになりますか？」という質問を投げかけ、人より弱いところや劣ったところがあっても自分でやろうとするところに自尊心が生じることを伝えます。

SST カード「1．セルフエスティーム」より抜粋（左が表面、右が裏面）

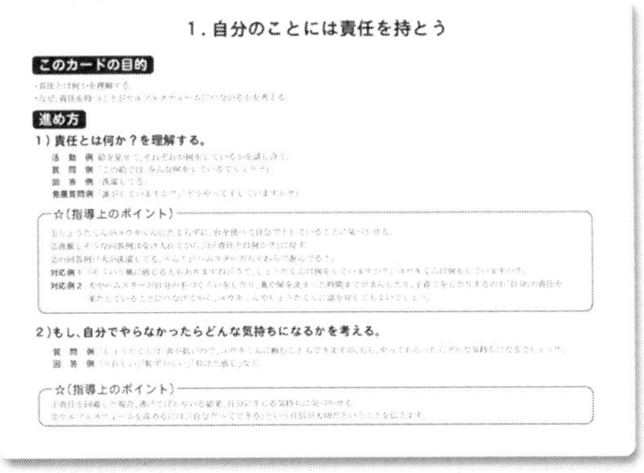

1．自分のことには責任を持とう

このカードの目的

進め方

1）責任とは何か？を理解する。

☆（指導上のポイント）

2）もし、自分でやらなかったらどんな気持ちになるかを考える。

☆（指導上のポイント）

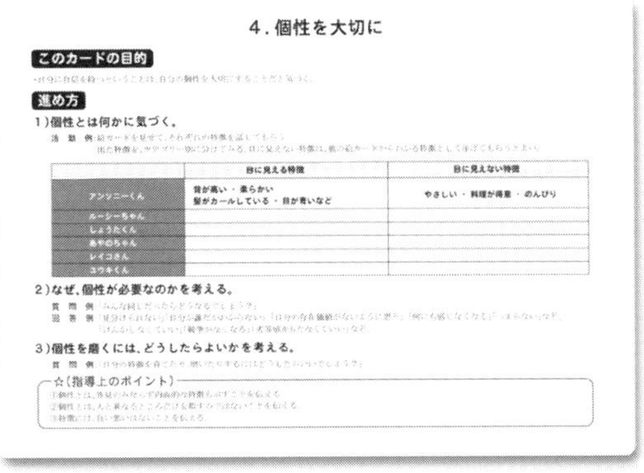

4．個性を大切に

このカードの目的

進め方

1）個性とは何かに気づく。

	目に見える特徴	目に見えない特徴
アンソニーくん	背が高い・柔らかい 髪がカールしている・目が青いなど	やさしい・料理が得意・のんびり
ルーシーちゃん		
しょうたくん		
あやのちゃん		
レイコさん		
ユウキくん		

2）なぜ、個性が必要なのかを考える。

3）個性を磨くには、どうしたらよいかを考える。

☆（指導上のポイント）

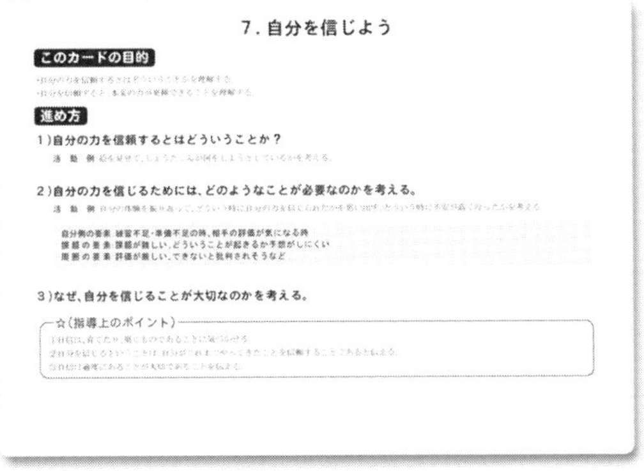

7．自分を信じよう

このカードの目的

進め方

1）自分の力を信頼するとはどういうことか？

2）自分の力を信じるためには、どのようなことが必要なのかを考える。

自分側の要素 練習不足・準備不足の時、相手の評価が気になる時
課題の要素 課題が難しい、どういうことが起きるか予想がしにくい
周囲の要素 評価が厳しい、できないと批判されそうなど

3）なぜ、自分を信じることが大切なのかを考える。

☆（指導上のポイント）

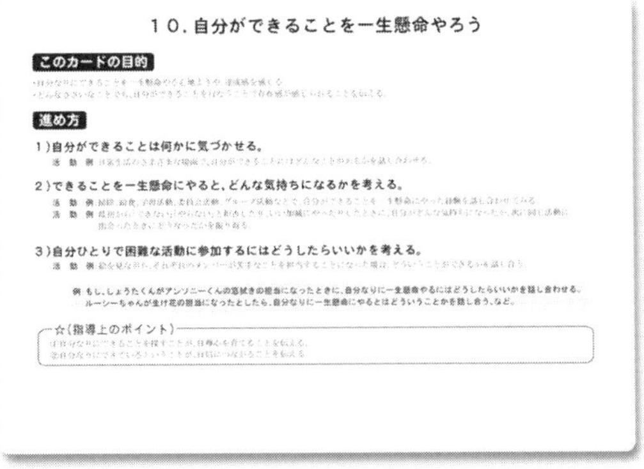

10．自分ができることを一生懸命やろう

このカードの目的

進め方

1）自分ができることは何かに気づかせる。

2）できることを一生懸命にやると、どんな気持ちになるかを考える。

3）自分ひとりで困難な活動に参加するにはどうしたらいいかを考える。

例 もし、しょうたくんがアンソニーくんの窓拭きの担当になったときに、自分なりに一生懸命やるにはどうしたらいいかを話し合わせる。ルーシーちゃんが生け花の担当になったとしたら、自分なりに一生懸命にやるとはどういうことかを話し合う、など。

☆（指導上のポイント）

手の中にあるものは？

目　的

自分が両親や友達などから価値観についてどのような影響を受けているかを知り、どんな自分になりたいかを考えます。

進め方

配られたワークシート（次ページ）に、自分の片手を置き、手の形をなぞってアウトラインを書きます。線がつながるように、手首の部分は仮に線で閉じておきます。

ワークシートの指示に従って、「親指」には親が大切にしていること、「人差し指」には友達の、「中指」には自分自身の好きなところを書きます。「くすり指」には今年中（この学年が終わるまで）にしておきたいこと、「小指」には将来の夢を書きます。

高校生以上の場合は、手の平の部分に「わたしは、こういう人」ということを、様々な価値観を意識しながら文にして書いてみます。

ポイント

書き終わったら、子どもが書いた言葉の意味を深めていきます。

例えば、親が「勉強しなさい」と言うのは何が伝えたいからなのか？　「頭がよくなってほしいから」と答える子がいたら、「頭がいいってどういうことかな」と深めます。「自分で考えられる人」「ちゃんと意見が言える人」「大人になって困らない人」というように、親の言葉の背景にある意味に気づくようにしていきます。友達や自分の好きなところについても、なぜ自分はそこが好きなのかを考えさせることができるような働きかけをします。

なかなか言葉を書くことができないでいる子どもがいるときは、様子を観察したり、ふだんのその子の性格を加味したりして背景を探り、まず次のようにしてみてください。

思いついてはいるけれども、友達の手前恥ずかしくて書けない様子のときは、「見せ合いはしない」ことを告げて安心させます。

何を書いていいのか思いつかない場合は、どれか１つの指に注目させて、先生が具体的な例をあげてみます。それでも書けないときは、「先生は、○さんにはこういうステキなところがあると思っていますよ」と、客観的な視点を与えてみてください。

名前

「手の中にあるものは？」

◆やり方　1 自分の左手を紙の上におき、えんぴつでなぞって形を写してください。

2 それぞれの指の内側に、次のことを書いてください。

「親指」	親が大切にしていること（価値観やよく言う言葉）
「人差し指」	あなたのお友達が大切にしていること
「中指」	自分自身の好きなところ
「くすり指」	今年の間にやっておきたいこと
「小指」	将来の夢

わたしの・ぼくのフルバリュー

目的　ありのままの自分と向き合う体験をします。

進め方　右ページのシートを配布します。右の欄に、自分が好きなキャラクターの絵をアウトラインだけで描きます（下に例を示しました）。

⑴　**今の自分にはまだ向き合えない子どもの場合**

キャラクターを描いたあと、内側には、「こうなりたい自分」外側には「これは変えよう」という自分を書いていきます。そのあとで、「こうなりたい自分」のうち、今どのくらいできているかを内省していきます。

⑵　**今の自分を見つめることができる子どもの場合**

色の違うエンピツを用意します。まず、普通のエンピツで「今の自分」をキャラクターの内側と外側に書き出していきます。好きだな、いいなと思える部分は内側、変えたいなと思う部分は外側に書いておきます。次に、内側に色を変えて「こうなりたい」自分を書き込んでいきます。

介入の方法　自己受容をするには相当の勇気が必要です。この活動で大切なのは、好ましくない行動や考えをする自分もまた自分であるということに気づき、受け入れることです。例えば、外側に「いたずら好き」と書いた子どもがいたら、「みんなが楽しくなるようないたずらってなんだろうね」「人が喜ぶいたずらはどんなもの？」「いやがるのはどんなもの？」とその内容を深めてください。自分の好きなことや自分らしさを保ちながらも、社会で受け入れられる表現方法にすることが大切だからです。

わたしの・ボクの フルバリュー

名前

ほんとの自分って、どんなだろう？
親に出してる自分、友達に出してる自分、自分しか知らない自分、
これから生まれてくる自分…。たくさんの自分がいますね。
今日は自分と語り合ってみましょう。

1. 右上の四角に自分の好きなキャラクターの形（外枠だけ）をかきます。
   用紙は、たてに使っても、横にしてもOKです。
2. キャラクターの内側には、こうしたい自分、こう感じたい自分、
   外側には、「これを変えよう」という自分をかいてください。
   体の場所に、それぞれ関係することば（行動・ことば・気持ち）を
   書き入れます。

例

	内側	外側
目のところ	よーく見る 相手の本心を見抜く目	見落とす 見た目にまどわされる
心のところ	自分の気持ちを わかってあげる	気持ちをおさえこむ
手のところ	力をためる 人をいたわる手	ものを壊す手 いたずらする手
足のところ	いろんなところに でかけてみる	じっと、こもる 勝手に動く足

好きなキャラクターを描いてください

かくれんぼしているわたし・ボクへのメッセージ

アサーショントレーニング

自己受容ができるようになると、自分の価値観や考えを他者に伝えたいと思うようになります。この段階で必要なのが、アサーションです。ここでは、自分らしさを保ちながら、相互理解できるコミュニケーションについて紹介しますが、アサーショントレーニングは系統だてて習得するほうが効果がありますので、『子どものためのアサーショングループワーク』(93ページ参考文献参照)等を参考にしてください。

目 的　自分も人も大切にする自己表現の方法を学びます。

準 備　事前に、「『ふわふわ言葉』と『ちくちく言葉』」(50ページ)、および「めざせ！　ふくろうさん――すっきり『解決』の技」(145ページ)を実施しておいてください。

進め方　まず、右ページの「5つのタイプの解決方法」を黒板に張ります。「自分の気持ち」「相手の気持ち」「問題の解決」は、空欄にしておきます。これまでの学習で気づいたことを確認しながら、それぞれのタイプが自分の気持ちをどのように表現しているか、相手の気持ちは理解できているかを問いかけて、表を埋めます。「テディさんは、人を大切にしていたね。じゃあ、自分の気持ちは伝えていたかな？」といったように、子どもの意見を引き出していきます。

次に、自分も人も大切にしながら問題を解決するふくろうタイプのコミュニケーションをするには、どのようなコツがあるかを考えていきます。右ページのシートの「ふくろうタイプのコツは？」の部分を確認してください。

最後に、ふくろうタイプに近づくにはどういう工夫をしたらいいかを考えます。このとき大切なのは、サメもカメもテディベアもきつねも、自分らしさとしてはOKにすることです。その上で「サメさんが相手の気持ちがわかるようになるにはどんなことが必要かな？」と考えていきます。

全体に問いかけてもいいですし、グループディスカッションにすることもできます。個人作業段階のクラスの場合は、個人用にワークシートを作成してください。それぞれが1人で作業して、その後で発表し合ってもいいでしょう。

５つのタイプの解決方法

		自分の気持ち	相手の気持ち	問題の解決
サメ		○	×	自分だけが満足
カメ		×	×	問題の解決には ならない
テディ ベア		×	○	相手だけが満足
キツネ		△	△	どっちつかず
ふくろう		○	○	両方とも満足

ふくろうタイプのコツは？

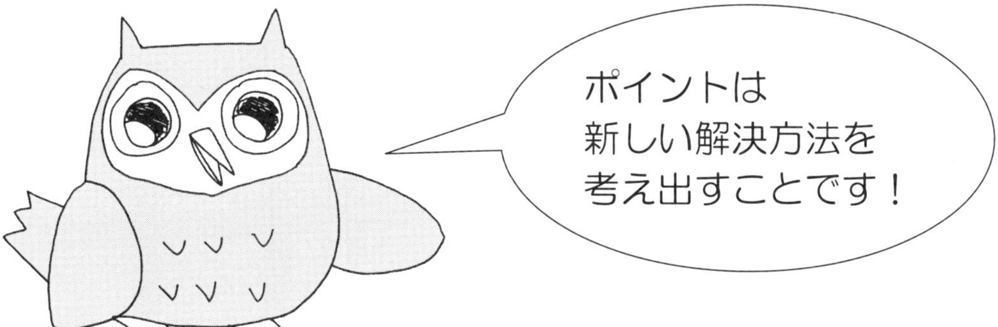
ポイントは
新しい解決方法を
考え出すことです！

コツ１：自分の気持ちは伝えてOKです。
コツ２：相手の言い分を、最後まで聞きます。
（相手の気持ちも考えてみよう）
コツ３：問題そのものを解決する提案をします。

ふくろうタイプに近づくには？

「自分らしさ」に気づきましょう
「自分らしさ」を好きになりましょう
「ちがい」を楽しめるようになりましょう
「対立している問題が何か」をわかるようになりましょう

❸ 友達とのかかわり方に関する活動

(1) 自己理解・自己表現・他者理解

四つの窓

目 的

自分の心と向き合い、自分らしく表現する体験をします。
他者の考えや気持ちに興味を持てるようにします。

進め方

下のイラストのように、画用紙に４つ窓を貼り付けたものを用意します。４つの窓それぞれのテーマは、クラスに合うものを設定してください。例えば、「好きなあそび」「休みにすること」「食べたいフルーツ」「将来の夢」などです。10分から15分程度の間に絵や暗号を書きます。絵ができたら、一人ずつ窓を開けて、メンバーに当ててもらいます。わからないときは、ヒントを出します。時間がある場合は、それぞれの絵について、質疑応答をします。

ポイント

絵が苦手で描けない子がいる場合は、「暗号」やヒントを文字で書くこともOKにします。窓はすべて描かなくてもよしとしてください。なかなか当たらないときは、書いた人にヒントを出してもらいます。子どもたちは、当ててもらうのを喜びます。自分で説明するのは苦手でも質問に答えるのは好きな子がいますので、上手な質問の仕方をヒントカードにして配ってみるとよいでしょう。

四つの窓・応用編

目　的　協力することによる楽しさと世界の広がりを体験する。

進め方　窓は、１枚１枚切り離しておきます。描く内容は、「四つの窓」と同じです。描いた内容を当ててもらったら、窓を、電車、飛行機、花、家など様々な形に切った画用紙に貼り付けます。台紙は、前もってつくっておいてもいいし、自分で好きな形を切っても OK です。最後に、貼り付けたものを模造紙に貼り、「わたしたちの町」をつくります。

介　入　この活動では、「共同作業」は、自分１人よりも楽しいし世界が広がることを子どもたちが体験できるように支援してください。共同作業の中には、台紙を選ぶための交渉や、町をどのように仕上げるかに関する「見通し」や、「意見の調整」が必要になります。１人が勝手に決めそうなグループでは、一人ひとりが意見を言えるように教師がリードしてください。

なお、この活動では対立解消までは時間的にできないと思いますので、意見が異なる場合には、「妥協」する方法（どちらかがゆずる）を活用します。

ただし、一度意見を聞いてもらった人は、次には他者に「ゆずる」ということを学びます。

予想外！　よそうがい

目　的

他者への興味を持ち、他者の意外な面について話し合うことの楽しさを体験します。

進め方

「ワークシートを埋める　⇒　発表　⇒　話し合い」の順です。

４人ずつのグループをつくります。あらかじめ次ページのワークシートに回答の選択肢を記入しておき、ワークシートを配ります。グループの人が、それぞれの項目のどれに当てはまるかを予想して回答を記入します。本人からは、後で回答を言ってもらうので、じっとお互いを見つめ合いながら想像力をフル回転して回答するようにさせてください。

発　表

一定の時間をとって、それぞれの回答が決まったら、グループのメンバーがそれぞれ回答を伝えます。

本人はみんなの回答が出た後で、正解とその理由を伝えます。

１つの項目について全員が出題者になって、回答を発表したら、次の質問に移ります。

例：グループは、Ａさん、Ｂさん、Ｃさん、Ｄさんの４名とします。

「１か月の間に、上履きを家に何回持って帰るか」について、Ａさんはだいたい何回持って帰ることが多いかを、残りの３人に当ててもらいます。Ｂ、Ｃ、Ｄの３人に、ワークシートの回答の選択肢（ア）（イ）（ウ）（エ）のどれかを言ってもらい、最後にＡさんに正解を発表してもらいます。その理由も短く話してもらいます。

次は、同じ項目について、Ｂさんの回答を、Ａ、Ｃ、Ｄに当ててもらいます。同じ項目についてＣさん、Ｄさんについてもそれぞれ回答が終わったら、次の項目に進んでください。

話し合い・振り返り

話し合いができるクラスでは、自分について発見したことや他者について気づいたことなどを話し合います。話し合いが難しいクラスでは、振り返り用紙で、上記の内容を記述してもらいます。

他者理解のワーク　「予想外？」

やり方：お友だちにあてはまりそうなものを「予想される答えの例」から
　　　　ひとつ選んで、「予想欄」に記号で書いてください。
　　　　本人の欄は、あとで本人に答えを言ってもらいます。

質問	予想される答えの例		君	さん	君	さん
上履きを持って帰る回数	(ア) 毎週 (イ) 1ヶ月に1回 (ウ) 1学期に1回 (エ) もって帰らない	予想				
		本人の答				
好きなテレビ番組	(ア) バラエティ (イ) アニメ (ウ) ニュース (エ) ドラマ・映画 (オ) ドキュメンタリー	予想				
		本人の答				
好きな季節	(ア) 春 (イ) 夏 (ウ) 秋 (エ) 冬	予想				
		本人の答				
にがてな食べ物	(ア) 納豆 (イ) サラダ (ウ) 甘いもの (エ) 肉 (オ) 魚	予想				
		本人の答				

注）項目は、実施するメンバーによって、工夫してください。
　　お互いに興味が持てそうな話題を選ぶと、もりあがります。

⑵　関係性の発展に関する活動（ボードゲームの活用）

「ボードゲーム」は、４～５名のグループで、１人ずつ山に積んだカードを引いて、カードに書かれた課題に答えていくものです。日常的な子どもたちの遊びにも親しまれているスタイルの教材なので、授業でも取り組みやすいようです。海外ではこのスタイルでの教科教材も作成されています。

なかよしチャレンジ

学校生活に必要な基本的なソーシャルスキルが200枚のカードに答えながら身につけられるように構成されています。

フレンドシップアドベンチャー

友達づきあいの維持、発展に必要な５つの項目「ストレス耐性」「勇気」「オリジナリティ」「自信」「自分や人を大切にする」について200枚のカードが組まれています。

アンゲーム

会話を楽しく進ませるためのカードです。小学生、中学生、大人と年齢層に合わせて組まれています。仲間づくりのためのアイスブレーキングをするときに用いてください。

「フレンドシップアドベンチャー」のボード

なかよしチャレンジ

目　的

毎日の学校生活の中で起こりそうなできごとを想像することによって、その場面に対応することができるように準備するためのボードゲームです。

「登下校の最中」「授業中」「休み時間」「給食・掃除」の４つの場面があります。

仲良しチャレンジの目的

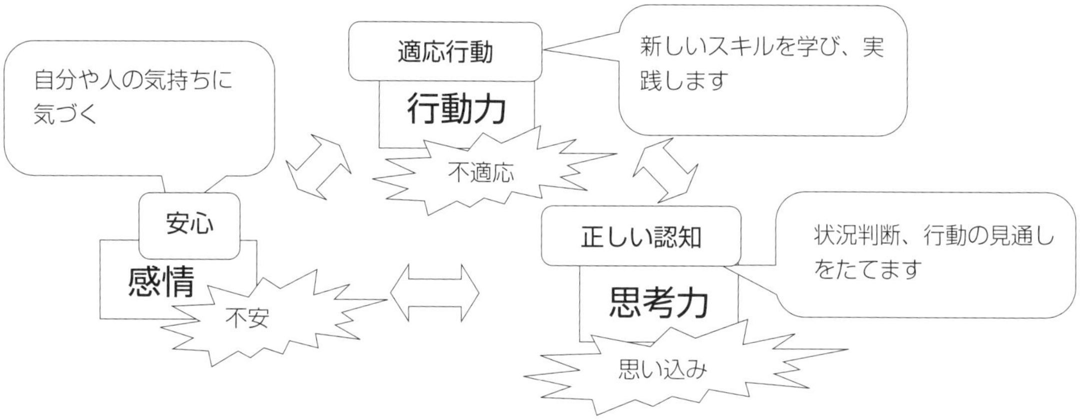
適応行動
行動力
不適応
新しいスキルを学び、実践します
自分や人の気持ちに気づく
安心
感情
不安
正しい認知
思考力
思い込み
状況判断、行動の見通しをたてます

進め方

ボードを使ってグループ活動として実施する場合と、ボードを使わずにカードの質問について考えるやり方があります。

対象となる子どもの状況による変化

＊基本的なスキルを獲得していない子どもには……

＊基本的スキルは知っているが、わざと悪い行動を答える子どもには……

カードをめくりながら、まず子どもの答えを受容して、「それをしたらどうなるか？」を本人が考えることができるように支援します。その上で、つい間違った行動をしてしまうときにどういう力があれば止められるか、または、正しい行動ができるかを一緒に考えます。「なぜできないのか？」「なぜやりたくないのか？」を共感して理解することにより、向社会的行動に変えるにはどういう力が必要なのかを考えて、その力を学習することが大切です。

カードのレベルの組み合わせ

カードのレベルの組み合わせとしては、「すでに学んだことがら」「今練習中のもの」「これから学びたいもの」を、実施する時間に合わせて選択してください。

クラス全体で行う場合には、クラス全体のレベルを見立てた上でカードを選ぶ必要があります。第３章第２節の「ソーシャルスキル教育のプログラムの立て方」（95ページ）を参照してください。

カテゴリーの選び方

４つの場面「登下校」「授業中」「休み時間」「給食・掃除」から、子どもにとって必要なカテゴリーを選んで実施してください。

スキルの選び方

上記の４つの場面に対応する力として「ストレスマネージメント」「助けをもとめる」「アサーション」「対立解消」が含まれています。どの場面でも冷静に判断するためにはまず「ストレスマネージメント」が必要になります。子どもたちがついやってしまいそうな行動が回答に含まれていますので、とりかかりやすいと思います。

★基礎的スキルが未修得の子どもへの指導方法

ボードは使わずに、カードをめくりながら、１枚ずつに書かれた質問について、ていねいに正解を教えます。その後、ロールプレイを行い、実際にその行動ができるかを確認します。

ステップ１　問題文を読みます（指導者、子どもどちらでもいい）。

ステップ２　状況がわかりにくい子どもの場合は、絵や動作などを用いて説明してください。

ステップ３　回答例を読みます。

ステップ４　子どもに答えを選ばせます。

ステップ５　フィードバック。

正解の場合は、ほめて、その答えをもう一度読み上げます。

不正解の場合は、

① 理由が考えられる子どもの場合は、選んだ答えの行動をするとどうなるかを一緒に考えます。その後、もう一度回答してもらいます。

② 理由が考えられない子どもの場合は、正しい答えをすぐに示してステップ６に進みます。

ステップ６　その場面をロールプレイで実施してみる。

★基礎的スキルは知っているが、やりたがらない子、わざと違う答えを言う子への指導方法

このタイプの子どもは、恥ずかしがっているときと反抗的な場合とがあります。恥ずかしがっている場合は、周囲の子たちがワークに取り組んでいるうちに、自然に引き込みます。反抗的な場合も、受容しながら活動に興味を持たせていきます。

正解の場合は、ほめて、それができるためにはどういう気持ちが必要かを一緒に考えます。

不正解の場合も、答えを受容します。その答えを実施したらどうなるかを一緒に考えます。シミュレーションしたりロールプレイを実施してもいいでしょう。

> 自分の欲求がどうなるか？　相手やほかの人はどうなるか？
> その結果、自分はどうなるか？

この部分は、不正解を選んだ子ども同士を集めてディスカッションさせるのも１つの方法です。なぜ、その態度が正しいのか、論理的に相手を納得させる方法を考えるためです。

☆同じような場面の４コママンガをつくり、言葉を自分で書かせることもできます。

★基本的スキルを日常的に実施できている子どもには……

上記の２つのパターンの子ども、つまり、どうしていいかわからない子ども、つい悪いことをしてしまう子どもに対してどのように接したらよいかを教えていきます。この活動が必要なのは、「私はちゃんとやってるのに、あの子はいつもずるばっかりしている。悪い子」というスタンスを前面に出して対立関係になってしまったり、「何であの子はできないの？」と相手を責めてしまったりするまじめな子が増えてしまうためです。具体例はカードの項を参照してください。

★20分程度の時間が確保できるとき

ボードを用いて、個人または学級に必要なスキルの種類から、レベルを選んで山札にし、ゴールするまで実施します。進め方は、基本の進め方と同じです。

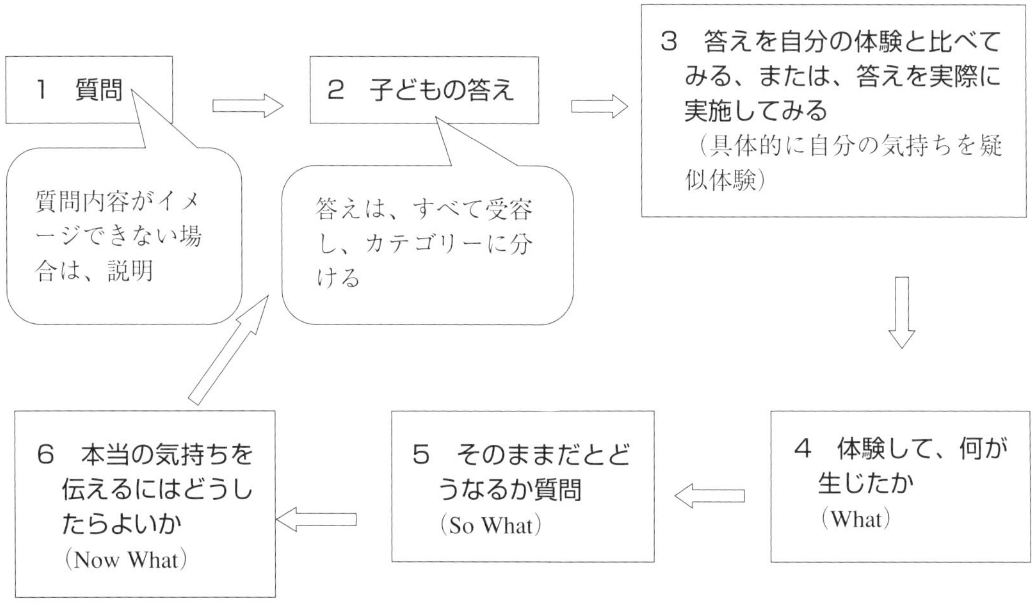

1　質問
質問内容がイメージできない場合は、説明
2　子どもの答え
答えは、すべて受容し、カテゴリーに分ける
3　答えを自分の体験と比べてみる、または、答えを実際に実施してみる
（具体的に自分の気持ちを疑似体験）
4　体験して、何が生じたか
（What）
5　そのままだとどうなるか質問
（So What）
6　本当の気持ちを伝えるにはどうしたらよいか
（Now What）

ステップ1　（質問）「友達の悪口を言いたいときは、どうしたらいいですか？」

ステップ2　子ども「言っちゃだめ」「がまんする」

ステップ3－1　（体験との関連付け）

先生「ずっとがまんしていたら、どうなりましたか？　どうなりそうですか？」

子ども「もっとひどいことしたくなる」

「学校に来るのがいやになった」

先生「気持ちを抑え込んだら、もっと悪口を言いたくなりますね。悪口を言いたくなることは、自然な気持ちですね。じゃあ、どうして、悪口を言いたくなるのか考えてみましょう」

ステップ3－2　（別の答えへの対応）

子ども「ひどいこと言われたから、言い返す！」「見ているだけでムカつく」「あいつがいなけりゃいいんだ」「おもしろいじゃん」など

先生「自分が、不快な気持ちになったから……。うん。これは、苦しいですね」

「苦しいという気持ちは、外に出してあげてOKでしたね。では、どういう出し方をすると、ルールが守れるのかを考えましょう。社会でのルールの基本は、『自分もストレスをためない』『人にもいやな思いや、傷つけることはしない』『相手に本当に伝えたいことを、正しく伝える』方法を探してみましょう」

（気持ちは、受容。これまで学んだルールの確認。その後So Whatへ）

ステップ4　**別の答えを考える**

子ども「聞こえないところで言う」「心の中で言う」「何かに書く」「カウンセラーさんに言う」など

ステップ5　**やったことがないので、疑似体験**

先生「じゃあ、やってみよう」（実際に遠くに行って、言わせてみる）

先生「どうでしたか？」

子ども「すっとした」「なんかへん」「……」

先生「自分の気持ちはすっきりした人もいたし、よけいにいやな気持ちになった人もいるみたい？」

「では、相手に自分の気持ちは通じましたか？」（事実を聞く質問から、「では、どうしたらいいだろう？」に転換する質問を投げかけます）

子ども「……伝わらない」

なかよしチャレンジのボードとカード

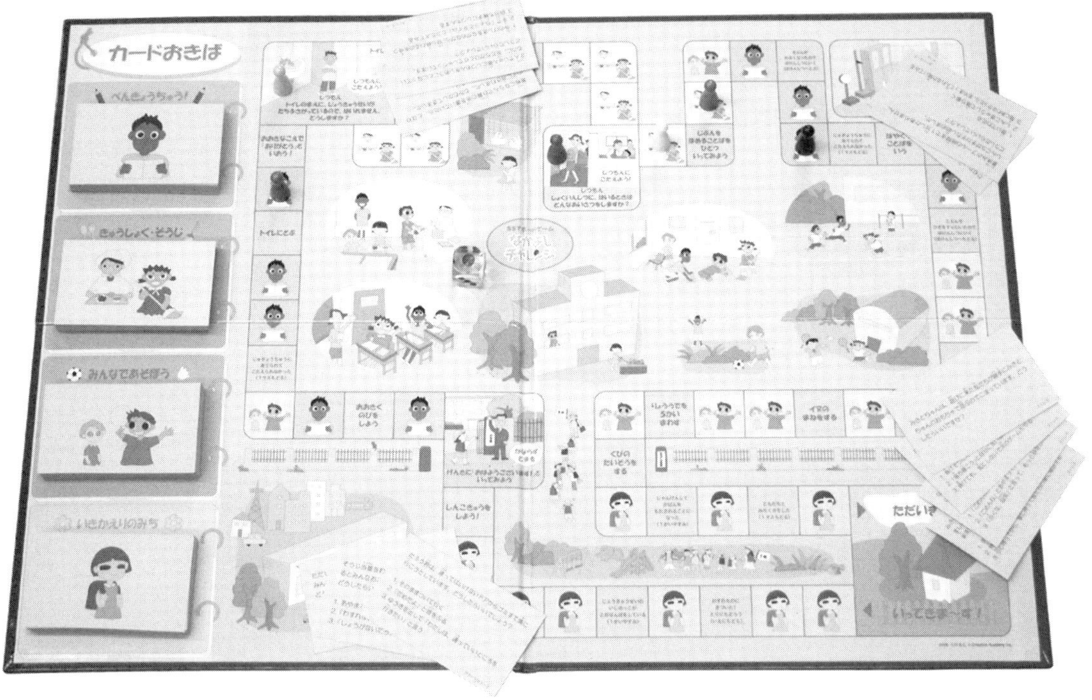

先生「もし、あなたの気持ちが伝わっていなかったら、相手はまた同じことをする可能性がありますね」

ステップ６　新しいスキルを教える

先生が（アサーションの権利を伝える）新しいスキルを教えていく。

☆やりながら、子どもに必要なスキルが次々に出てきますので、年間プログラムにどのように組み入れるかを考えると同時に、この例のように「アサーション」が出てきたら、授業中に発言するときや、学級会での意見の交換時にもアサーティブな表現のモデルを示すなどして理解を広げてください。

❹　積極的な人間関係を発展させるための知識と技術

⑴「協力」をテーマとする活動

協力をテーマとする活動は、どのワーク集にも最も多くの例がありますので、93ページにあげた参考文献を参考にしてください。

ただし、「協力」を必要とする活動を実践する前に、「協力」するために必要な基本的なソーシャルスキルを獲得しておく必要があります。ここでは、からだを使った「協力」の活動と思考を使った「協力」の活動を１つずつ紹介しておきます。

・運動・作業を中心とする活動例

２人での協力：感覚統合で紹介した活動がこれにあたります。

「ボール運び」「エブリボディアップ」「フラフープまわし」「玉運び」「鏡遊び」「ブラインドウォーク」など

４～５名での協力：「写し絵」「生卵救出作戦」「ビー玉送り」など

・思考力を中心とする活動例

「情報カード」を用いる活動がこの中心です。

４～５名のグループメンバーが各自情報カードを持ち、カードに書かれた内容を口頭でのみ伝え合い、課題を解決する活動です。

⑵　対立解消をテーマとする活動例

対立の解消（SST カード）

目　的

「対立するのは当たり前」という基本姿勢を理解し、お互いの言い分を取り入れた新しい解決方法が探せるようになります。

進め方

SST カード「4．対立の解消」を見せながら、1つ1つのステップについて説明していきます。

ステップ1　「問題を解決しよう」という合意を得る。ミディエーターを探す。

カードを示しながら、同じことに対して異なる意見を持つことは当たり前であることを確認します。その上で、暴力以外で解決する方法を選ぶためには、中立の立場に立ってくれるミディエーターが必要であることを理解させます。

ここで、対立解消をするためのルールの確認をします。

⑴　交互に言い分を聴きます。
相手が話している間は、割り込みや批判はしません。
⑵　悪口や揚げ足取りはしません。
自分が冷静に聴くと、相手も冷静に話せるからです。
⑶　本当の気持ちを話します。
どうせわかってもらえないと思うと、気持ちが伝わらないからです。
⑷　もし、自分たちだけでうまく解決できないときには、他の人（友達、先生）の助けを求めます。

ステップ2　相手の話を聞く

ここでは、お互いが何を問題としているのか、お互いの「言い分のずれ」を理解します。

①それぞれが、自分にとって何が問題かを、「I メッセージ」で話します。

例1　×おまえが、朝練に出ないから俺がコーチに怒られんだよ。
　　○俺は、コーチに怒られていやな気分なんだよ。部員が朝練に来ないのは、俺のせいにされちゃうんだから……。

②相手が話している間は、相手がなぜそう感じるのかを冷静に受け止めます。

③自分の番になったら、まず、相手が何を一番言いたかったのかをまとめて伝えます。

例1　高橋くんが困っているのは、サッカー部の練習に人が来ないということ？
例2　佐藤さんが怒っていたのは、私が他の人と帰ったということ？

④次に、自分が何にどのように困っているのかをＩメッセージで話します。

ステップ３　問題解決

①互いの問題点がわかったら、解決方法について交互に１つずつあげていきます。

a　できるだけ多くのアイデアを出します。

b　出されたアイデアについて、評価・批判はしません。

c　創造的に。できるだけ様々なアイデアを出しましょう。

例「朝練に５回出たら、吉野家の牛丼１杯」「遠い人は、家から駅までランニングにすることで代替」など

②それぞれの解決策を行った場合のプラス・マイナス点を考えます。

③お互いが納得のいく方法を選びます。いくつかのアイデアの組み合わせも可能。

④どうしても合意できないときは、別々の結論を出すのも、「対立の解消」です。

ステップ４　解決方法の実施と評価

①誰が、何を、どこで、どのように、いつ行うかを決めます。

SST カード「４．対立の解消」よりカードの表面を抜粋

ピア・ミディエーションの練習

目　的

1つのテーマについて、賛成と反対1人ずつのミディエーターがついて、お互いの合意を図ります。

進め方

対立する2人に対し、ミディエーター2名をつけて、4人1組になります。意見が対立している場面を設定し、時間内に合意に達するようにします。

ミディエーターは、「ふくろうさんの4ステップ」にしたがって、双方の言い分を聞き、まとめと対立解消のための提案をするまで導いていきます。

テーマは、次の例を参考にして学年に合わせた身近なものを選んでください。

小学校

例1　塾があるから委員会をサボりたいA子と、委員会のほうが大事だから塾には遅れても委員会活動をすべきだというB子の対立場面

例2　今日の遊びに、C男を誘いたいD男と、だめだというE男の対立場面

例3　漢字のとめ・はねを細かく指示する先生と、読めればいいという子どもの対立

中学校

例1　校則違反をして帰りにパチンコ屋に行こうという一郎と、絶対だめだという次郎の対立

例2　文化祭は、全員参加だという担任と、やりたい人だけでいいという生徒の対立

高校生

例1　友達と泊まりに行きたいF子と、絶対にだめだと言う親の対立

例2　大学受験はしないで、フリーターになるというG男と、大学に行ってほしい担任との対立

例3　夜勤、日勤、半夜勤の3人の看護師が、1週間の休みをどう配分するかを時間内に決めるといった活動です。それぞれの役割には、家族構成（あかちゃん、介護が必要な老人がいる、受験生の母、独身など）やその人物の条件が書かれている。

お互いの価値観を合わせていく（コンセンサスの手法）

例：「若い女性と水夫」「富士山噴火」「砂漠に不時着したら」（『新版／人間関係トレーニングマニュアル』press time 社、参照）など、あるストーリーの登場人物の行動に対する自分の評価をつけ、その評価をグループ全員で同じものに合わせるものがあります。

⑶　参考文献紹介　ソーシャルスキル教育のワーク集

1　コミュニケーションに関するもの

三森ゆりか著、つくば言語技術教育研究所編『イラスト版ロジカル・コミュニケーション――子どもとマスターする50の考える技術・話す技術』合同出版、2002年

園田雅代・中釜洋子著　日精研心理臨床センター編『子どものためのアサーション（自己表現）グループワーク――自分も相手も大切にする学級づくり』日本精神技術研究所、2000年

トレバー・コール著、バーンズ亀山静子、矢部文訳『ピア・サポート実践マニュアル』川島書店、2002年

菱田準子、森川澄男『すぐ始められるピア・サポート指導案＆シート集』ほんの森出版、2003年

中野武房、森川澄男、日野宜千『学校でのピア・サポートのすべて――理論・実践例・運営・トレーニング』ほんの森出版、2003年

2　グループワークに関するもの

日本学校GWT研究会『学校グループワークトレーニング』学校シリーズ１～３、遊戯社、2003年

河村茂雄『グループ体験によるタイプ別！　学級育成プログラム――ソーシャルスキルとエンカウンターの統合』〈小学校編、中学校編〉図書文化、2001年

小林正幸、相川充、國分康孝『ソーシャルスキル教育で子どもが変わる　小学校――楽しく身につく学級生活の基礎・基本』図書文化、1999年

小貫悟、三和彩、名越斉子『LD・ADHDへのソーシャルスキルトレーニング』日本文化科学社、2004年

プロジェクトアドベンチャージャパン編『対立を力に』みくに出版

プロジェクトアドベンチャージャパン編『アドベンチャープログラムの実践』みくに出版

プロジェクトアドベンチャージャパン編『クラスの人間関係がぐーんとよくなる楽しい活動集』学事出版

第3章

教室で行うソーシャルスキル教育

1　教室で行う　ソーシャルスキル教育の実際

この章では、まず、ソーシャルスキル教育を実際に学校（学級）で行う場合に必要なノウハウをご説明します。

ソーシャルスキル教育は有効だと思っていても、いざ毎日の教育活動のなかに取り入れるとなると、いったい何をどのように取り組めばいいのかと考えてしまう方もいらっしゃるでしょう。

そこで、本章では、ソーシャルスキル教育をプランニングする上で最も大切な、学級をアセスメントする方法から始めます。本来、一人ひとりの子どもや学級全体へのアセスメントが実践の根拠になるのです。経験の少ない先生方のために、アセスメントのためのチェックシートも用意しました。

いざ取り組みを始めようというときにも、どのようにして学校全体や周囲の教師、子どもたちの合意を取り付ければいいのか、きっかけも必要でしょう。また、いつのどの時間をどう使うのか、現在の自分の学級にとってはどんなスキルを学ぶことが必要なのかも大きな課題です。実践を見通すことができる先生ほど、様々な疑問が出てくるはずです。まずはそうした疑問にお答えするようなノウハウをご紹介しましょう。

また、必要にさし迫られている先生方のなかには、すでに学級崩壊のような危機的状況に陥っている学級でソーシャルスキル教育に手をつけなければならない場合もあるでしょう。崩壊してしまった学級の担任がなすすべもないとき、学級の立て直しは、周囲の先生方の支援にかかっているからです。

こうしたときは、どのようなことに気をつけ、何を最優先すべきか、筆者（本田）が学級崩壊状態で短期的に介入した事例に沿って解説します。

最後に、小学校で実際に行われている実践事例を３つ紹介します。啓発教育の一環として年間プログラムの中に組み込まれている事例です。

これらのノウハウや実践事例を参考に、まずは第２章でご紹介したソーシャルスキルのワークのなかから、ご自身の学級の状況に必要なものを組み合わせて１時間単位のユニットで計画を立てて実践してみてください。そのなかで、長いスパンの取り組みの方法が見えてくることと思います。

2　ソーシャルスキル教育のプログラムの立て方

学校でソーシャルスキル教育を実施する場合、最も大切なのがクラスの状況をアセスメントすることです。プログラムを実践するクラスの子どもたちが、その時点でどのようなソーシャルスキルを持っており、これからどのような力を育てることが必要なのか、目標を明確にするためです。

明確なアセスメントをしないままプランを実施すると、仲良くなることが目的で友達と手をつなぐ活動がたたきあいになってしまったり、自分の意見を言う活動をしたのに互いに傷つけ合ってしまったりすることもあります。体育の授業で、準備運動や基礎的な技術をつけた上で集団のゲームを行うのと同様、基礎的な力を育て、安全圏を守った上で活動するために、アセスメントは不可欠なのです。

❶　まずはアセスメントから

ソーシャルスキル教育に取り組む場合、短期のプランでも長期のプランでも、まずはクラスの状況のアセスメントから始めます。特に年間のプランを立てる場合には、子どもたちの発達状況を精査し、プランに反映させる必要があります。

まず、第１章で説明した発達段階に応じて獲得されているべきソーシャルスキルの要素を明確にします。未発達な要素がある場合は、これを補う基礎力の獲得から始めます。

表１（96～99ページ）の各項目を使って、クラスのアセスメントをしてみましょう。クラスの状態を的確に把握し、育てたいソーシャルスキルを課題に組み込む必要があるからです。

活動は、①アセスメント、②育てたいソーシャルスキルの選定、③教材の選択、④実施、⑤振り返りへと進みます。また、実施後にそのスキルを定着させるためには、日常的なフィードバックが必要になります。

具体的には、100ページの表２「短期間にひとつのクラスで実施するステップ」を参考にして、クラスの実態に応じて、101ページの表３または102ページの表４を使ってアセスメントを具体的なプランにつなげてください。

❷　ソーシャルスキル教育の導入方法

プログラムには、単発で授業や特別活動に取り入れる場合と、一定期間、授業計画として取り扱う場合があります。

学期が始まってしばらくすると、緊張がとけていろいろなトラブルが生じはじめます。子どもたちのソーシャルスキルが不足してい

表1　クラスに必要なソーシャルスキルの一覧（本田、2006）

Ⅰ　学校でのルールや権威を受け入れる態度とスキルについて
1　教師の役割を理解する力
（1）担任の先生の特徴（どんな人か）知っている（少なくとも3つのことが言える）
（2）家のルールと学校のルールの違いがわかっている
（3）一人ひとりが違う学び方をしていることがわかっている
（4）先生は、みんなのもの（独り占めしてはいけない）であるとわかっている
（5）人を尊重（大切にする）とはどういうことかがわかっている
（6）先生が指示を出すのは何のためか、どういうときかがわかっている
（7）信頼されるにはどうしたらいいかがわかっている
（8）先生が教室にいないときにどうしたらいいかがわかっている
（9）先生の注目を正しい方法で得ることができる
（10）課題が与えられたら、文句を言わずに取り組むことができる
（11）先生に対してごねない（いやなことは、論理的に説明できる）
（12）先生が話しているときには、きちんと聞くことができる
2　教室でのルールと責任について
（1）課題に集中できる
（2）隣の席の子と話していいときといけないときがわかっている
（3）自分が取り組んでいる課題が、先生の指示したものかを確認できている
（4）先生が「聞いてください」というときには、どんな意味があるかわかっている
（5）指示が出されたらすぐに従って行動することができる
（6）授業の準備ができる
（7）どういうときには静かにしていなくてはいけないかがわかっている
（8）1人で作業することができる
（9）きちんと座っていることができる
（10）教室に入るときには、どういう態度をすればいいのかがわかっている
（11）教室から出るときには、どうすればいいのかわかっている
（12）教室の中を移動するときは、何に注意すればよいかがわかっている
（13）グループで移動するときに、何に注意すればよいかがわかっている
（14）状況の因果関係を考えることができる （トラブルがあったときになぜそうなったのかを考えることができる）
（15）初めてのことでも、適切に行うことができる
（16）宿題を行うことができる
（17）宿題を忘れずに学校に持ってくることができる
（18）授業中に他のことを想像したり、ぼーっとしたりしないでいられる
（19）課題を最後まで仕上げることができる
（20）自分の教室以外の場所でも、同じルールを守ることができる
3　学校の中の他の先生との関係について
（1）代理の先生が来ても、いつもと同じように行動できる
（2）アシスタントの先生やサポーターの人に上手に助けを求めたり、指示に従うことができる
（3）校長先生に対して、どのように行動すればよいかわかっている（校長室に呼ばれたり、廊下で出会ったりしたとき）

（4）事務室や用務の職員を尊重したり、指示に従ったりできる
（5）他のクラスや学年の先生の話を聞いたり指示に従ったりできる
（6）バスの運転手さんに敬意を払い、指示にしたがうことができる
（7）ゲストスピーカーに敬意を払い、話を聞くことができる
（8）郊外学習のときの補助をしてくれる人や保護者の指示に従うことができる
（9）カウンセラーに上手に助けを求めたり、話しを聞くことができる
4　学校で問題が起きたときに対応する力
（1）問題が起きたときにどうすればいいかがわかっている
（2）ていねいに助けを求めることができる
（3）問題やトラブルに対して、別の見方ができる
（4）問題やトラブルについて、しっかりと考えることができる
（5）自分のあやまちに対して、謝罪ができる
（6）友達の意見やアドバイスを聞くことができる
（7）自分の課題を解決するための、約束ができる
（8）誰が自分を助けてくれるかがわかっている
（9）問題の解決の仕方がわかっている

Ⅱ　友達とのかかわり方についての知識や技術
1　友達と一緒に作業をすることに関する知識と技術
（1）リーダーに従える
（2）リーダーになれる
（3）自分の役割を理解して果たせる
（4）自分が一番や中心でなくても活動できる
（5）他の生徒の意見を聞くことができる
（6）他の人の文句や不満を聞くことができる
（7）作業中（しなくてはならないことがあるとき）には、じゃますることがらや環境（音、しゃべり声など）をやり過ごすことができる
（8）他の人をじゃましないでいられる
（9）教室の雑音を気にしないでいられる
（10）他の人に触るときの方法やお願いのし方がわかる
（11）誰かが間違いをしたときにどうしたらいいかわかる
（12）人が困っているときにどうしたらいいかわかる
2　友達をつくるための知識や技術
（1）他の人に興味・関心が持てる
（2）人から興味を持たれる存在になる
（3）他の人と一緒に時間をすごせる
（4）他の人を自分のグループに誘える
（5）自分から助けにいく
（6）人の話を聞くことができる
（7）相手を励ますことができる

（8）よいことを言うことができる
3　友達を維持できるための知識や技術
（1）他の人に何をするかを選ばせてあげられる
（2）公正（公平）な仲間でいられる
（3）友達を分かち合える（独り占めしない）
（4）人につきまとったり、依存しすぎたりしない
（5）約束を守れる
（6）悪口をいわない
（7）いろいろな状況で友達との付き合い方を知っている
（8）困っている友達を助けることができる
（9）友達が助けを求めていることを誰かに伝えることができる
（10）友達がその子を困らせないとわかっている

Ⅲ　積極的なソーシャルスキルを発達させるための知識や技術
1　状況を理解する力
（1）その場で何が求められているのか、はっきりわかっている
（2）人を傷つけたり、傲慢にならずに「いいえ」と断れる
（3）本当は「いいえ」のときに「はい」と言わないでいられる
（4）他の人の気持ちを傷つけない
（5）ハンディキャップの意味がわかっている
（6）自分や他の人とは「ちがう」人のことがわかる
（7）声の抑揚を変えたり工夫したりすることができる
（8）表情が豊かである
（9）他の人の意見を理解できる
（10）タイミングがわかる
（11）先生がどんな気分なのかがわかる
（12）他の人がどのような気持ちなのかがわかる
（13）自分が何を選べばいいのか判断できる
（14）何をするのが正しいのかが判断できる
（15）助けにいくことができる
2　積極的な性格傾向の発達
（1）趣味や興味が持てることを増やせる
（2）他の人に対して我慢強い
（3）運動が得意になろうとする
（4）他の人を助ける
（5）他の人のことを考えることができる
（6）よいリーダーになれる
（7）他の人を認めることができる
（8）文句を言われたり、責められたりしたときに、認めたり謝ったりできる
（9）整理整頓ができる

(10) 自分の仕事（やるべきこと）を整理できる
3　家庭での家族との関係の築き方
(1) 大人とはどういう人か（役割）がわかっている
(2) 家庭や社会で大人を尊敬することができる
(3) 両親に従える
(4) なぜ反抗したいのかがわかっている
(5) 家族のルールに従える
(6) 家でのルールに従える
(7) 兄弟・姉妹と分け合うことができる
(8) 年長の役割になれる（兄・姉として）
(9) 年少の役割になれる（末っ子として）
(10) 真ん中の役割になれる（きょうだいの真ん中）
(11) 両親と話しをすることができる
(12) 家での雑用を行うことができる
(13) 家で宿題をすることができる
(14) 家族の一員として振る舞える
(15) 家族での楽しみを分かち合える
4　日常生活でのエチケット
(1) 他の人にきちんと面会できる
(2) 友達を紹介することができる
(3) 耳障りな雑音への対処の仕方がわかる
(4)「失礼します」をどういうときに使えばよいかわかっている
(5) 個人的（プライベート）な質問の仕方がわかる
(6) 人のまねをしない
(7) 公共の場所での行動のし方がわかっている
(8) 食事の前に手を洗うことができる
(9) テーブルマナーを守って食事できる
(10) 外食時のマナーが守れる
(11) 他の人のためにドアを開けてあげられる
(12) 席を譲ることができる
(13) 公衆電話がかけられる
(14) ゴシップ（うわさばなし）への対応方法がわかっている
(15) 質問に適切に答えることができる
(16) ていねいな言葉を使える
(17) 状況に合う服を選んで着ることができる
(18) お礼状やメッセージが書ける
(19) 返事（手紙やメッセージに）ができる
(20) 自分がしてほしいように人にもできる

表2　短期間にひとつのクラスで実施するステップ

質問に答えながら、クラスの状況をアセスメントしてみてください。

ステップ1　クラスの状況のアセスメント

1　クラスのダイナミクスはどんな状況ですか？

(1)　分裂状態　　(2)　いじめがある　　(3)　暴力が放置されている　　(4)　穏やか

2　情緒の発達状態（愛着、共感性など）は、どのレベルですか？

(1)　自分の興味がわからない　　(2)　自分の興味だけに反応

(3)　人にも興味がある　　(4)　自分も人もわかり合おうとしている

3　ソーシャルスキルの発達状態（コミュニケーションの力、アサーション、対立解消など）はどのレベルですか？

クラスに必要なソーシャルスキルの表をチェックしてください。

ステップ2　クラスの状況に応じて育てたいスキルを選定する

1　ダイナミクスが次のような状態の場合は、ストレスマネージメントから開始し、学校のルール、友達のつくり方、積極的な人間関係の発展へと進めます。

(1)　分裂状態　　(2)　いじめがある　　(3)　暴力・暴言が放置

2　情緒・共感の発達が次の状態の場合は、それぞれに合ったプランから開始

(1)　自分の興味がわからない　⇒　自己理解・感情の発達・感覚統合の活性化

(2)　一人遊びが多いクラス　⇒　他者への興味や共同遊びの楽しさの体験

(3)　グループ活動が苦手なクラス　⇒　友達の作り方、維持の仕方

(4)　みんなで遊ぶが、けんかが多いクラス　⇒　積極的な人間関係の発展の活動（対立の解消、コミュニケーション能力の向上など）

ステップ3　目的に適している教材を選択し、計画を練る

1　教材集を探す

2　クラスで実施した場合をシミュレーションしてみる（想像する）

3　実施可能な形に変化させる

4　教員どうしで試してみる

5　実施上の困難や必要なスタッフに協力を求める

6　生徒用の振り返り用紙の準備

ステップ4　クラスでの実践と振り返り

1　導入：活動の目的と活動への興味付け

2　活動の実践

3　活動の振り返りと日常生活への展望をまとめる

表３　クラスに必要なソーシャルスキルの一覧表（基礎力編）

大項目	小項目	朝のSHR	道徳	特別活動・行事	授業
学校におけるルールの理解					
友達をつくる知識と技術					
積極的な人間関係を発展させるための知識と技術					

るためのトラブルだということはわかっていても、授業時間にはなかなかソーシャルスキルを補う取り組みが組み込めない場合には、単発の活動として取り入れます。

１年間を通じて実施したい場合は、行事や他の授業と関連づけると、取り組みやすくなります（103ページの表５参照）。

まず、獲得したいソーシャルスキルについてのプランを、それぞれの授業や学校行事のどの部分に組み込むかを考えます。学習指導要領に照らして主たるカリキュラムとして扱えるものと、「潜在的カリキュラム」として活動に組み込むものとに分けます。

例えば、「ストレスマネージメント」や「ルールづくり」は体育の授業の一部としてできますし、「自己理解」や「他者理解」は、道徳や国語、そして学級活動などで扱うことができます。また、「職業観」や「社会のルール」などは、公民や社会の授業で取り入れられる内容です（104ページの表６参照）。

ソーシャルスキル教育の基本は、「基礎練習と実践」ですから、プランとして学んだことを行事や日常活動で生かせるように、自然に組み込むことがコツです。

❸　１時間ごとのユニットの組み立て方

１時間のユニットは、大きく３つに分けま

表４　クラスに必要なソーシャルスキル一覧表（応用力編）

		朝の SHR	道　　徳	特別活動・行事	授　　業
自己理解	アサーション				
	非言語表現				
他者理解	相手の気持ちを理解する				
	相手の言葉を最後まで聞く				
相互理解	共同				
	協力				
	対立・相性				

☆　項目は、自分のクラスにとって必要な分を作成してください。

以下の表に対して、先のステップに基づいて、自分のクラスのアセスメントを行い、必要なソーシャルスキルをリストアップしてください。活動場面は可能なものを記入してください。

ソーシャルスキルの項目					
自己理解					
他者理解					
相互理解					

表５　１年間の計画の立て方

ステップ１	学級の状況のアセスメント
ステップ２	必要なソーシャルスキルを、①基礎力としての「学校でのルールの理解」「仲間づくり」「積極的な人間関係の発展」、②応用力としての「自己理解」「他者理解」「相互理解」、または表１（98～101ページ）の項目別でリストアップしていく
ステップ３	年間の行事をリストアップする
ステップ４	道徳教育の課題、特別活動の課題との関連性を考える
ステップ５	道徳、特別活動に組み込めないが、日常的に必要なスキルをリストアップする
ステップ６	表７に整理して、活動を組み立てる
ステップ７	実施に当たって必要な手続き（職員会議、保護者の了承、後方など）をリストアップする
ステップ８	実施に当たって、必要な人材を確保する（学年での協力者、学外からのボランティアなど）
ステップ９	表の内容を、１年間のスケジュールに合わせて、分配する

す。「導入」「目標となる活動」「振り返り」です。

「導入」は、これまでの復習や、その回のテーマにつながる活動、感覚統合など、クラスの状況に応じて組み立てることができます。

「目標となる活動」では、説明に５分程度、実践に15～20分程度を予定します。

最後に、振り返りとして５分から10分ほどとります。振り返りは、そのときの活動を自分の課題と関連づけたり、クールダウンとして活用したりします。

ソーシャルスキル教育で大切なのは、実践しながら学ぶということです。行動の意味を言葉で理解した上で、的確に行動できるようになることが目的だからです。見たり聞いたりしただけでは、多くても30％くらいしか覚えていませんが、実践したことは90％記憶できると言われています（本田恵子『脳科学』みくに出版、2006年、参照）。

授業を組むときは、図１のように「体験」「観察」「振り返り」「改善策を考える」「やり直し」というサイクルで進めてください。

⑴　目標となる活動と、教材の選び方

クラスの状況のアセスメントができたら、その力を引き出すためにどのような活動を組めばいいのかを考えます。すでに獲得できている力を用いて、新しい力を育てる活動を行うのです。

例えば、「協力」の活動を行う場合、「協力」するためにはどのような力が必要かを考えます。自己理解としては、「作業目的がわかっている」「自分の役割がわかっている」などが挙げられるでしょう。必要な自己表現

図１　体験学習のサイクル

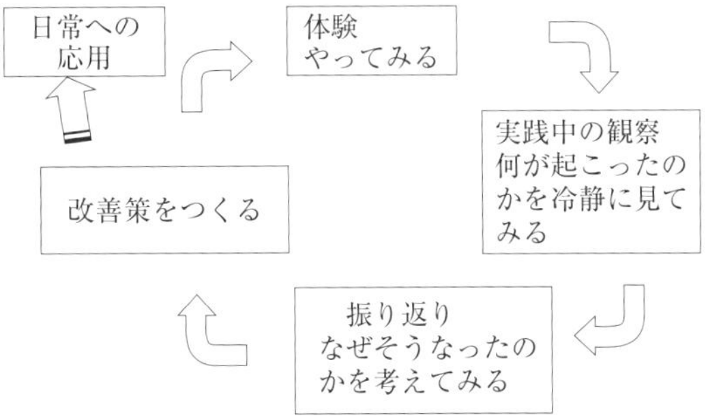
日常への応用
体験 やってみる
実践中の観察 何が起こったのかを冷静に見てみる
振り返り なぜそうなったのかを考えてみる
改善策をつくる

表6　1年間のプラン

月	大目標・小目標	SHR	道　徳	特別活動	授　業
4月	例：自己理解（自分の気持ちに気づく） 例：他者理解（クラスの人に興味を持つ）				
5月					
6月					
7月					
9月					
10月					
11月					
12月					
1月					
2月					
3月					

の力としては、「自分の伝えたいことを伝えることができる」「わからないときに助けを求めることができる」などが挙げられます。他者理解としては、「全体が見える」「相手が何をしようとしているのかを理解することができる」「相手の考えを聞くことができる」などの力が必要になります。

ソーシャルスキルの細かい項目がわかったら、具体的に、作業での協力なのか、考えを合わせる協力なのかを決めて活動を組み立てます（105～106ページの表7を参考にして、106ページの表8に記入します）。

ここまで目標が決まると、様々な教材から活動を選びやすくなりますし、時間が不足しそうな場合は、一部をアレンジしたり短縮したりして実施します。具体例は、実践を参照してください。

表7　１時間分のユニットの組み立て方（授業案の例）

目的（1）他者理解　相手が表現する「行動」（言葉や態度）の背景になる「気持ち」と「考え」に気づく
（2）ソーシャルスキル　自分や人を傷つけないで自分の気持ちを上手に伝える表現の仕方に気づく。コミュニケーションの3つのパターンを知る

教材（手法）アサーション（人を傷つけないで自分の気持ちを伝える方法）

時間	生徒の活動	教師（1）の活動と目的	教師（2・TA）の活動
9：40 導入	1　本日のテーマの説明を聞く 「気持ちは出してOK」 「自分の表現方法で相手に気持ちが伝わっているのかを理解する」	テーマの説明 子どもの様子のチェック	生徒のそばに寄り添う。特に前回、表情を選べなかった生徒、書くのに時間がかかった生徒のそばで小さな反応でも受け止める （感情表現が苦手な生徒） （いらいらしていた生徒） （常に話しながら考える）
9：42 メインの活動	2　コミュニケーションのパターンを知る ⑴　パペットをつかって3つのタイプを知る ⑵　コミュニケーションの3つのパターンのロールプレイを見る	**○生徒が登場人物の感情に自己の感情を投影しながら自己理解・他者理解を深める（サメ、カメ、テディベアのパペットを用いる）** **「これから、学校生活のある場面を、演じてもらいます」** **「3つの場面を演じてもらいますので、よく見て、各場面での主人公の気持ちを考えてください」** **「主人公の出し方を、サメタイプ、カメタイプ、テディベアタイプの3つのタイプに分けて考えてみます」** **「サメタイプは、人と合わせるのが苦手なので暴力や知力で相手を黙らせて自分の主張を通すタイプです」** **「カメタイプは、こわがりなので自分の意見を言わずに、協調もしない、自分の殻に閉じこもるタイプです」** **「テディベアタイプは、争いが嫌いなので、自分のことを主張しないで、相手の言うことに従うタイプです」** **「それぞれの人の気持ちと、本当に言いたいことは何かを考えながら見てください」**	

TAさんがロールプレイをします
①主人公がバケツの水を持って廊下を歩いていたら、同級生がしゃべりながら歩いてくる（同級生は外を見ていて主人公に気づかない。主人公はバケツの水をこぼさないように注意している）
②同級生が主人公の肩にぶつかり水をこぼし、主人公の靴がずぶ濡れになってしまう（水の代わりに、紙をちらして表現します）
③同級生は、その状況を見て、軽く「ゴメン」とだけ言う（ぶつかってムッとしながら「ゴメン」と言う）

〈ケース1〉
④主人公が、「何するんだよ！　謝れよ！　ざけんなよ！　どうしてくれるんだよ！」とからんでいく（ここで終了）

〈ケース2〉
④主人公が、「………」と黙り込んで立ちつくす。相手は知らんぷりして通り過ぎる（ここで終了）

〈ケース3〉
⑤主人公は、「ううん、大丈夫。気にしないで。ぼくがこんなところにいたのが悪いんだから」と相手を立ててしまう（ここで終了）

9：50	⑶　ワークシートを埋める 4人で話し合いながら、フリップカードに言葉を書いていく ステップ1　RP上の人物を1人選ぶ ステップ2　4人グループで話し合う ステップ3　みんなで分かち合う（発表） ステップ4　表現した言葉と本当の気持ちがずれていることに気づいてもらう ステップ5　自分はどのタイプかを理解する	1．T1記入方法の説明 T1、TAが全グループをまわりながら3つのタイプの気持ちと本当に言いたいことの違いがわかるように、出た意見をまとめてゆく 1　色カードを配布する（TA） 書き込むマジック　班に3本ずつ ヒントになるカード 3種類の色カードで自分の担当するグループに介入します。 ピンクの長方形：気持ちの絵とその言葉を書き込むカード 黄色の長方形：理由を書き込むカード （介入のポイント） ☆表情を選べない子、気持ちが言葉にできない子を支援してください ☆1人でしゃべりっぱなし、仕切り続けている子には、「今、どれになってる？」と3つのタイプで気づきを促してください。「あ、サメだ」とわかったら、「みんなの話も聞いてくれるサメさんになってください」と伝えてください

表8　1時間のユニットの立て方

授業目標（育てたいソーシャルスキル、情緒、などを具体的に記入します）
使用教材

テーマと時間	生徒の活動 （生徒がどのように活動するかを書きます）	T1の活動 （板書、フリップカードの提示、説明内容など）	T2、TAの活動 （生徒の動きをどのように支援するかについて具体的に書く）
導入			
主題の活動			
振り返り			

❹ チームで指導する場合の役割分担

チームで指導する場合は、通常、メインインストラクター（担任、外部の講師など）１人と、１人または複数のサブインストラクター（外部講師がメインの場合は、担任や他の教師。担任がメインなら、他の教師やボランティア）の組み合わせになります。

⑴ メインインストラクターの働き

メインインストラクターは、全体を把握し、流れを促進する役割です。３人で組む場合、メインインストラクターは全体での活動の指示を出しますが、小グループ活動になったときは、それぞれのグループの様子を見に行き、サブインストラクターを支援したり、介入の指示を出したりします。

また、あるグループが活動中に停滞していて、全体のグループの動きに影響しそうな場合、そのグループを全体的な見地から指導し回復するという介入をすることもあります。

⑵ サブインストラクターの働き

サブインストラクターは、メインインストラクターの補助的な役割をします。

メインインストラクターが全体に指示を出しているときは、グループの安全圏を守り、グループとして円滑に活動できるようグループメンバーの意見や活動の調整などを行います。活動に参加しようとしない子や、反社会的行動でグループの安全を壊しそうな子どもの個別対応にあたります。

また、小グループ活動では、サブインストラクターがメインになって、自分が受け持つグループをひっぱります。したがって、介入が必要なときは、メインインストラクターに入ってもらうのがスムーズです。

❺ 介入の仕方

活動途中で、行き詰まってしまったり、逸脱行為をしたりする子がいた場合はどうしたらいいでしょうか？

行き詰まっている場合は、発達段階をアセスメントしてその支援に入ります。

逸脱行動への基本は、本人が求めている結果を変容させることです。例えば、「逃げる」という行動が「見逃してくれる」という「産物」を得ていれば、結果的に逃避行動を強化していることになります。「ルール違反をする」ことで、「注目をあびる」という「産物」を得ていれば、これも強化されます。したがって、子どもが何を求めているかをすばやくアセスメントした上でその要求をかなえる「適切な行動は何か」を明確に提示した上で、許容範囲を決める必要があります。

⑴ 子どもが行動変容を起こすきっかけ

子どもが行動変容を起こすきっかけは、子どものタイプによって異なります。「Ａ　気持ち（Affection）から理解する子」「Ｂ　行動（Behavior）を通じて学習する子」「Ｃ　考えて（認知、Cognition）わかろうとする子」の３パターンがあり、「ＡＢＣアプローチ」と呼ばれます。ソーシャルスキル教育では、それぞれの子どもの行動特性に応じて、アプローチや方法を変えると効果的です。

一方、道徳活動でのグループ活動は効果が少ないという意見があります。これは、従来の道徳活動では、アプローチが行動面だけにとどまり、気持ちや、何が生じたか、何を学んだかに対するアプローチが不足していたためです。先に示した図１のように、行動面、認知面、感情面には、相互に関連させながらアプローチすることが大切です。

(2) 事例を通じた理解

> **事例１**　小学校４年生のクラスで「鬼ごっこ」をしようとしています。太郎くんは「やらない」と言って、隅っこに行ってしまいました。理由を聞くと、「ぼくは足が遅いから、みんなぼくばっかり狙う」と言います。先生は、「みんながやっているんだからやろう」と誘いましたが、太郎君は「やだ」と言い張ります。「じゃあ、『太郎くんを追いかけないで』と頼むから」と言うと、それを聞いていた他の子どもが「先生、ずるい」と怒りました。

【ワーク１】先生は、上記のどの部分に働きかけたのでしょう？

☆考え方のヒント

先生は最初、「みんながやっている」という「道徳性」（認知）に働きかけました。が、太郎くんは、「やらなくてはいけない」という意識は低いようです。それよりも「鬼ごっこだと、いつも集中ねらいされる」という認知と、そのことによる「不安」「憤り」が強かったので、次に先生は「追いかけないようにする」と安心感を引き起こそうとしました。しかし、これは、活動のレベルを下げる安心感にしかならない上に、他の子どもから「不公平」という怒りを買ってしまっています。

> **介入のポイント**
> **ステップ１**　生徒の行動をよく観察する
> **ステップ２**　その行動によって、伝えたいメッセージを読み取る
> **ステップ３**　ABC アプローチのどこから動かしやすいかを考える

【解決策】

ここで、残っているのは、「行動」です。

先生は、「凍り鬼」をすることにしました。これは、全員がオニであり、全員が逃げる役でもある遊びです。タッチされたら座りますが、「助けてー」と言うことにより、別の人にタッチしてもらえれば、復活して追いかけたり逃げたりすることができるのです。

太郎くんは、それなら、みんながオニになるし、自分も逃げたくなかったら、鬼ごっこをしながら座って見ていることができるということに気がつき、活動に参加することを OK しました。

この例のように、集団活動に対して子どもが苦手意識を表明した場合は、どの部分からアプローチすればいいかを見極めて、一番動きやすいところから活性化させていくことが大切です。

ただし、子どものソーシャルスキルを発展させるためには、レベルを下げる活動ではなく、レベルを上げる活動を提案するほうが本人のセルフエスティームが高まります。

(3) 不安が高く、活動から逃避するタイプ

まず、不安が高く、どんな活動に対しても

「やらない」と固まるタイプ（非社会的行動）の子どもについて考えてみましょう。このタイプには、次の３段階が考えられます。

①引きこもる（特定のものに固着、集団への興味が低い）段階

こうした子どもの場合は、新しいものや事態に対する不安が高いことが考えられます。その要因として、「見通しが立たない」「ルールが理解できない」「からだが思うように動かない」ということがあります。

対応としては、無理強いせずに、安心できる空間を用意しながら「併行遊び」にもっていくとよいでしょう。併行遊びというのは、同じ内容の活動を個人でもできるように用意しておき、目に見える場所にいさせて誘ってみるというものです。机の下に隠れてしまったり、「やらない」と言って外に出てしまう場合は、無理強いせずに、居場所を確保してあげてください。限界設定です。活動は目に見える場所で行います。

彼らは、不安が高いので、まず「見る」「同じ場所にいる」ということから慣らしていく必要があるためです。

②集団に興味はあるが、参加を促すと攻撃的になったり引きこもったりする段階

この段階の子どもは、活動には興味がありますが、他の子どもとの関係でなんらかのこだわりがあり、素直に活動に参加できません。

介入方法としては、本人のペースを尊重しながら、場所は、みんなと近い位置にします。日常の生活グループを活用しながら、グループ活動をするのがよいでしょう。教師（インストラクター）は、そばでこの子どもと他のグループメンバーをつなげる役割をすることが大切です。最初は、抵抗しますが、活動そのものがおもしろくなってくると、併行遊びから共同遊びができるようになります。

③集団にかかわりたいが、困難な課題になると逃げたり引きこもったりする段階

この段階の子どもの場合には、「できる」という自信のある活動を多く取り入れることが大切になります。かかわりたい気持ちが高いので、逃げ出しそうになったら寄り添うことが必要です。

タイミングをはずすとそのままやらないで終わってしまいます。役割を決めたり、彼らの力が必要になりそうな活動を組み入れたりしながら「○君の出番だよ」と呼んであげるとよいでしょう。

対応の方向としては、不安の軽減、向社会的行動の基本を丁寧に教えていくことになります。活動や仲間への安心感が増すと、愛着心が育つようになり、他者の考え方や活動への興味関心が育ちます。

全体的な活動の組み方としては、このような子どもが安心してできる一人遊びを設定し、その後、それを使った集団遊びに発展できるような活動を組むとよいでしょう。

例えば、「共同画」「四つの窓」（78ページ参照）などです。

⑷　反抗的行動や破壊的行動に出るタイプ

自分の欲求と社会性とのバランスがとれず、反抗的行動や破壊的行動に出る（反社会的行動）タイプについて考えてみましょう。

①事例による理解

事例を通じて考えてみましょう。

事例２　小学校６年生の一雄君、道夫君、義則君はルールを守るのが苦手です。先生にもタメ口を利き、たわいないおしゃべりには乗ってきますが、ルールづくりの話し合いをしようとしても、「わかったわかった」と口ばかりで実行しようとしません。強く叱られるとその場では従いますが、またすぐに同じことを繰り返しています。グループ活動では自分のグループから離れて３人で固まり、自分たちの好きなことを始めます。

そのくせ、おもしろそうな活動のときは近くのグループに入ります。気に入らないと暴力を振るうので、他の子は拒否できませんし、機嫌がいいときは楽しいことを言って楽しませてくれるので「いいよ」と受け入れてくれています。

この日の活動は「人間コピー」でした。１人が廊下に行って絵を覚えてそれを口頭でグループの人に伝えて絵を完成していくものです。一雄君はグループに残っていましたが、道夫君と義則君が呼ぶので抜けてしまいました。自分の番ではないのに外に行って見てきては、近くのグループに答えを教えています。外の絵にもいたずら書きをしたので、先生が注意したところ、先生が持っている絵を破いてしまいました。

【ワーク１】一雄君たちは、何がしたかったのでしょう。

【ワーク２】一雄君たちに不足している力を情緒・道徳・ソーシャルスキルに分けて列記してください。

【ワーク３】このような子どもがいる場合、他の子どもの安全圏を守るためにどのような工夫が必要でしょうか。

【ワーク４】一雄君たちに、ルールを理解してもらうには、どのような個別の指導が必要になるでしょう。

☆考え方のヒント

まず、３人とも活動には参加していることに注目します。自分や人への愛着は育っていますし、集団への所属欲求や承認欲求も高いようです。課題は、「衝動性のコントロール」と「欲求の正しい表現方法」を身につけることです。彼らの行動は自己中心的であり、他者の考えや気持ちを考慮していないからです。家庭でも学校でも、彼らがキレないようにみんなが遠慮していたので、周囲が我慢していることに気づいていないのかもしれません。また、自分たちの行為がどのくらい人を傷つけているのか、不快な思いをさせているのかに気づく必要もあります。

このタイプの場合は、クラスメートにアサーション・トレーニングをすることで、彼らが衝動性をコントロールしやすい環境をつくることが大切です。周囲が「そういうやり方は楽しくない」という毅然とした態度を取り、「一緒にやりたいから、ルール守ろうよ」という正しい仲間入りの仕方を伝えていく必要があるのです。

②自己中心的な欲求を自分のやり方で通そうとする段階

この段階の子どもの場合、共同活動をするためのルールが理解できていないことが多いようです。したがって、自分は楽しいけれども他の子どもの安全圏を冒してしまう可能性があります。

まず、1人でもできる活動を用意しながら、併行遊びに導入することを薦めます。また、他の子どもにもこの子どもが何をしようとしているのかを伝えながら、共感性を育てていくことが大切です。

ただし、ルール違反が激しい場合には、タイムアウトをとり、楽しく遊ぶためのルールを確認する必要があります。ルールを守ったほうが楽しく遊べるということを実体験することから始めるとよいでしょう。

③自分のやり方が受け入れられないと、活動を妨害したり破壊行動を行う段階

この段階の子どもは、「排除」されることでの傷つき体験を繰り返しています。一緒に遊びたいのに、つい力が余って暴力になったり、悪い言葉を使って友達を傷つけたりするため、他の子どもがこの子を避けるようになっているからです。

対応としては、所属感を持たせると同時に、限界（ルール）の設定を行います。「ここは、あなたの居場所である」ということを明確に伝え、彼らの暴言や暴力を「翻訳」しながら他の子どもの理解を促す必要があります。こうした子どもは、ストレス耐性が低いので「排除」されたさびしさが「怒り」となって破壊行動に出やすいからです。

また、小集団を構成している場合は、向社会的行動が身についているほかの子どもに、誘ってあげるよう促すのもいいでしょう。友達に誘われたほうが、仲間に入りやすいからです。リーダータイプの子の場合には、プライドに働きかけて、お手本行動を示してもらうという方法もあります。

⑸ 自分に自信が持てず、集団に依存しようとするタイプ

このタイプの子どもは、情緒もスキルもある程度は理解しているのに、実践する体験が少ないために自尊感情が育ちにくいようです。本人が安心してできる役割を与えて、できたことを積極的に認めていくことが大切です。

その場での介入としては、そばに寄り添って、気持ちを聞いたり代弁したりします。その場で大切にされているという体験をすることで集団への所属感を高めるためです。同時に、ストレスマネージメントやアサーション・トレーニングを実施して、不安に飲み込まれない力や、自分の言いたいことを相手に伝える勇気を育ててください。

このタイプは、素直なので、啓発教育によって短期間に力がついていきます。クラス運営の要になるグループですから積極的に育ててください。放置していると、傍観者が増えてしまいます。

⑹ 発達障害の子がいる場合の介入の方法

グループ活動では発達障害を持つ児童への配慮が必要になります。個々の特徴を理解して、本人に適した活動を取り入れたり、グループ活動のどの場面で活躍してもらうかを考えておくとスムーズに進みます。一方、他の子どもと同じ活動を要求するとどちらにとってもストレスになってしまいます。

①ADHDの子どもの場合

ADHDのある子どもたちは、目・耳・触覚などの感覚刺激から行動を起こしがちです。グループ活動では、刺激の与え方やグ

ループでの身体接触などに配慮が必要になります。本人が安心できる空間や活動内容を用意しておく必要があります。もし、興奮し始めたら、感情の興奮度を緩和したり、感情の質を変えることで、行動を緩和します。

事例をあげて、理解を深めましょう。

事例3　ひろき君（小2）は、いろいろなものに興味はありますが、みんなと一緒に活動するのが苦手です。

グループ活動の説明中も、先生が持っている物を取ろうとしたりすぐにやろうとしたりします。先生は無視しています。

グループでは、1人で材料を全部取ってしまうので、最初にみんなとケンカをしてタイムアウトになりました。「みんながやっちゃうよ」「このやろー、お前のせいだ！」と、タイムアウト中も先生を蹴っています。先生は「ルール違反をしたのはひろ君です」と言い続けて、タイムアウトの時間は過ぎました。

やっと教室に戻ったら課題の船はもう半分以上できあがっていました。突然、ひろき君は船を取り上げ、「何これ？」と言って、女の子がつけたシールをはがしました。女の子はじっとがまんしていますが、ひろき君が船を持っていこうとしたところ、グループの子と取り合いになりました。お互いに蹴り合っています。

【ワーク1】先生のタイムアウトは有効だったでしょうか？

【ワーク2】タイムアウトで、先生はひろき君のどの部分に働きかけようとしたのでしょうか？

【ワーク3】ひろき君のソーシャルスキルの発達段階を考え、どのような準備をしておくとよかったと思いますか？

☆考え方のヒント

先生は、ひろき君に「教室のルール」を教えようとしていますが、ひろき君はまだ「ストレス耐性」が不足していて「一人遊び」の段階にいます。ルールを教えたりクールダウンのためのタイムアウトがこの場合はひろき君をよけいに興奮させる引き金になっているようです。

先生は、「道徳心」に働きかけようとしましたが、課題ができなくなるという不安で興奮しているひろき君には逆効果でした。

こういう場合は、安心感に働きかけ、具体的に目の前に別の材料を見せると、落ち着きやすくなります。感情と認知の両方に働きかけます。「だいじょうぶ、ちゃんとやらせてあげるから」と言うだけでは抽象的で安心できないからです。「1分間目をつぶって、落ち着けたらこれができます」と見せながら、先生も一緒に深呼吸して、よい行動が出るのを促してください。

ひろき君のように、いろいろなものに興味はあるけれども「一人遊び」の段階にいる場合は、「併行遊び」に発展させることを目的として、活動の準備をするとよいでしょう。

まず、先生が説明しているときにひろき君の興味関心にこたえられる説明書を渡します。ひろき君はいちおうは自分の班にいますが、自分のペースで活動ができるように、別にもう1つ材料を渡しておきます。しばらくは、1人でやる時期がありますが、次第にみんなでやっていることへの興味が出てきた段

低学年の場合の介入方法

ステップ１　怒りや不安の元になっている刺激の排除

タイムアウト、けんかしている相手から離す

ステップ２－１　安心感を与える

適切な行動をしたら、自分の望みがかなうという安心感を具体的に与える

ステップ２－２　違う感覚刺激を与える

（気に入っているおもちゃ、のみ物、安心できるものを触るなど）

ステップ３　感情の緩和・変容　→　生理的に冷静になるよう

ステップ４　適応行動が現れたら、すかさずほめる

高学年以上の場合の介入方法

ステップ１　怒りや不安の音にある刺激の排除

ステップ２　具体的に感情を認知する支援（何に・どのくらい？）

リラクゼーションやコミュニケーション

ステップ３　その感情に対する適切な表現方法の提供

階で、役割を与えながら共同遊びに発展させていってください。

②アスペルガー障害の子どもの場合

アスペルガー障害やその傾向のある子どもたちは、出来事の一部に注意が集中し、そこから抜け出すのに時間がかかります。視野狭窄と感情の発達に遅れがあるため、１つのことにこだわってしまうからです。アプローチは認知を広げることから始まります。

事例をもとにして考えてみましょう。

事例４　みさとさん（中１）は、自分のやろうとしていることを友達から止められると排除された気持ちになります。

この日は、グループ活動で「他者理解」をテーマにしており、「ファーストインプレッション」でグループの人のことを当てる活動でしたが、他の人はいくつか当たったのに、みさとさんだけは誰のものも当たりませんでした。

結果を比較し合っているときに自分が一番できていないことに気づくと、「みんな私にはわからないようにしてるんだ」「どうせ私なんかいないほうがいいんだ」と繰り返し言い出しました。友達が「そんなことしてないよ」と言っても聞きません。また、先生が振り返りで「どうやって、相手の様子を知りましたか」と聞くと、みさとさんは「誰も教えてくれません。いじわるです」と叫んでしまいました。

【ワーク1】みさとさんの共感性はどのレベルまで発達しているでしょう？

【ワーク2】みさとさんの視野を広げるには、どのような声がけをしたらよいですか？

【ワーク3】この課題を一緒に行うには、どのようなワークシートにする必要があったでしょう？

【ワーク4】振り返りのときに、みさとさんにはどのような振り返りのポイントを加えてあげるとよいのでしょうか？

☆考え方のヒント

みさとさんは、課題に取り組もうとしていますから、他者への興味が育っています。不足しているのは、具体的に提示されていないものを想像する力です。

みさとさんのように、友達をまだよく見ていない子や相手の立場に立って考える力が不足している子どもの場合には、具体的に考える材料を提示する必要があります。このワークをする前に、お互いに知り合うためのワークをしておき、周りを見る視野を広げたり、具体的な材料を蓄積させておく必要があるのです。

また、振り返りでは、他の人とは異なるワークシートを用意します。アスペルガーの子どもには、「どのように」という漠然と全体を聞く質問にはどう答えていいのかわからないのです。相手の何を見てそう考えたか、どの言葉からそう感じたかというように具体的な指標が必要です。同じワークシートにする場合には、ヒントや例として、具体例を出してあげると他の子どもにも参考になります。

認知 → 感情 → 行動

ステップ1　思い込みによる認知を変える　事実を確認しながら視野を広げていきます。

ステップ2　変えた認知に対する行動指令を出す

ステップ3－1　行動を行う

ステップ3－2　変容した認知による感情がわいてくるのを支援

ステップ4　行動変容したことをほめる

キーワード　視野を広げる／限界設定をする

認知に働きかけるのは低学年も高学年も同様ですが、低学年の場合は、言葉が発達していないので、興奮状態になると、悪口や、たたく、つねる、蹴るなどの行動が止まりにくいようです。また、周囲が言葉で説明しても冷静になるには時間がかかります。

この場合は、違う行動を見せ、その行動の意味を正しく翻訳することで、認知を変えます。例えば、ケンカした相手がそばに来たとき、「悪口を言いにきた」という認知を、相手に先に「さっきはごめんね」と笑顔で言ってもらいます。そしてすかさず、「仲直りに来てくれたね」と翻訳します。こう言っても、たいてい「でも、さっきはこいつ……」とこだわりのループに引きずり込まれそうになります。繰り返し「見て。○くんはいま、君のために仲直りに来てるよ。それに対して君はどう答えるの？」と、よい行動への対応を引き出します。

高学年の場合は、認知が変わっても気持ちが納得しないと動きません。状況認知を正しくすると同時に、気持ちを受容していく必要があります。この「認知」には、「何に気づかせたいか」というメッセージがきちんと伝わる必要があります。手法としては、ディブリーフィングを用い、事実の確認を短い文で行いながら、思い込みを変容していきます。

❻ 逸脱行動の取り込み方

逸脱行動は、個別に取り込む場合とグループダイナミクスを活用して取り込む場合があります。以下３つの方法を説明しましょう。

① 逸脱を全体で取り込む方法

② 逸脱を個別に取り込む方法

③ 逸脱を周囲の友人関係を活用して取り込む

⑴ 全体で取り込む場合

これは、逸脱行動がいくつかある場合です。また、行動の引き金が、グループに向けられている場合に行います。全体で取り込むときは、メインインストラクターが全体に働きかけながら進めます。サブインストラクターは、他のメンバーがこぼれないように輪に入ってメインインストラクターの動きに協力していきます。

逸脱行動が出ると、全体の動機づけが一気に下がると同時に、その子どもを排除しようとする無言の圧力がかかり始めます。逸脱行動を無視するとその子どもはもっとエスカレートしますし、間違った注目を与えると他の子どもが活動から脱落していきます。逸脱行動については、メインとサブインストラクターで綿密に打ち合わせをしておいてください。

〈例１〉高みの見物で高いところに上がってしまった。

「高みの見物」は、全体を把握したいということの表れです。したがって、具体的に何をするのかを、視覚的なものや絵などを使って、説明し直す必要があります。

また、高いところから、できる役割を与えることも１つの方法です。

高見の見物は、全体がわからない、見通しを立てたいという「安心欲求」の表れ

〈例２〉自分だけが、輪の真ん中で答えたがっている。

「中央に出る」ということは、「承認欲求」が高いことを意味しています。したがって、それをプラスの行動に変換することが大切です。本人にルールの確認をして、正しく注目を得る方法を教えます。実践できたらほめますが、指示を聞かない場合は、要求には応じずにやり過ごします。

⑵ 逸脱を個別に取り込む場合

この場合も基本は、「欲求を見立てる」です。本人の逸脱行動のひきがねを理解し、それに対する正しい表現方法を体験させます。個別に支援する場合は、サブインストラクターが対応します。

〈例１〉グループ活動が始まったとたんに、後方の机の下にもぐってしまった。

これは、集団活動への不安、何をするか見通しが立たない不安を表現していますので、まず「安心欲求」を満たします。その上で「所属欲求」が働き出すのを待ちます。

非社会的行動をする子どもの項で前述した

ように、その子どもにとって安心できる方法で対応するのが基本です。ただし、退行しすぎないように、待つのは「何分まで」と制限を与えたり、同じ作業をその場で行わせたりします。「したくなければしなくてよい」のではなく、「したくないときに、どうその気持ちと向き合うか」を学ぶ必要があるのです。

〈例２〉グループ活動の途中で「つまんない」と言って、抜けてしまった。

何がつまらないのかを理解し、その子どもにとっての「おもしろさ」を探ります。「何がつまらないか」を表現させ、「どうしたらおもしろくなるか」を提案させます。本人が提案しない場合は、難易度の高い課題を与えます。この課題は、活動そのもののレベルを上げてもよいし、本人の活動に対する課題設定を変化させる方法でもいいでしょう。また例えば、活動を達成するのではなく、役割を与えてその子どもの自尊心をくすぐるような活動をさせることもできます。

❼ 振り返りの進め方

振り返りには、２通りあります。活動がうまくいかないときに立ち止まってグループで考える場面と、活動後に個人の気づきを確認する場合です。

⑴ 活動途中の振り返り

これは、活動がうまく進まないときに、活動を停止して「何が起こっているか」を整理し、もつれたグループダイナミクスをほぐす方法です。個人の気づきを確認する振り返りと、介入は異なります。

振り返りは、活動を発展させるために行うことなので、その時間の活動目標に関する行動が出たときに行うと効果的です。例えば、「協力」をテーマにしているときに、グループを数名が仕切り始めたときや、「内省する」ことがテーマなのにさらっと活動を流そうとしているときなどです。

事例を通して考えてみましょう。

事例５　中学２年生のグループ活動です。体育館を使って「エブリボディアップ」をしようとしていました。この活動は、最初は２人組で足の先をつけ両手をつないで一緒に立ち上がるというものです。２名でできたら、４名、８名と人数を増やしていきます。

カナさんのグループは16名に挑戦しようとしていますが、３回やってもできていません。この活動は、８名程度までは円になってできるのですが、10名を超えると円ではうまくいかないようになっています。

【ワーク１】この状態で、活動を一度停止させて振り返る場合、どのようなことを行いますか？　下のステップにそって考えてみてください。

ステップ１　事実の確認「何を行ったか」「結果はどうか」

ステップ２　目的の確認「今日のテーマはなんだったか」

ステップ３　行動の確認「自分たちの活動はテーマに沿っているか」「沿っていないとしたら、足りないのは何か」

ステップ４　新しい目標の設定「目標のため

に何をしたらいいか」「そのためにどのような気持ちが必要か」

カナさんたちは、振り返りをする中で活動の目標が「立ち上がる」ことにすり替わってしまったことに気がつきました。その結果、手はつないでいるものの、１人で立ち上がろうとしている人が多いことに気づいたのです。「協力」がテーマなら、「協力が目に見える形をつくってみよう」「協力が感じられる言葉をかけ合ってみよう」という方向で話し合いが進むようになりました。すると、「相手を立ち上がらせてあげるようにするにはどうしたらいいんだろう？」「ねえ、物理が得意なのは佐々木さんだったよね。どう思う？」と声がけが変わってきました。いろいろなアイデアが出るようになり、１つ１つを試してみることになりました。立ち上がることが目的ではなく、「協力」して考えたり、実施することが目的になったため、いろいろなやり方を楽しむゆとりがでてきたのです。

活動中の振り返りは、「作業の達成」のための方法論にシフトしがちなのですが、活動の本来の目的に気づかせる方向に進めることが大切です。

⑵ 活動後に、それぞれの「気づき」を言葉にする

活動後の振り返りは、少なくとも10分はとってください。振り返り用紙を用いて、その日の活動のテーマをどの程度自分が達成できたかを内省することが目的だからです。時間が短いと表面的な出来事の確認で終わってしまいますから、振り返り用紙の焦点をしぼり、以下のような内容を深めてください。

ステップ１　出来事の整理「活動目的のうち、何がどの程度できたか」
ステップ２　考えの整理「活動中に、気づいたことは何か」
ステップ３　気持ちの整理「どのような気持ちを感じたか」
ステップ４　発展「次の活動にどうつなげたいか」

次ページの振り返り用紙は、小学校４年生の「四つの窓」の振り返り用紙です。

振り返り用紙の例

振り返り用紙（四つの窓）

名前

1. グループでの話し合いのときに自分の気持ちを上手に出せましたか？

	いつも やっていた	ときどき やった	ほとんど やらなかった
自分とお友達との違いを楽しんで話し合えた	3	2	1
イライラしたときに、気持ちを落ち着けることができた	3	2	1
困ったとき助けを求めた	3	2	1
人の意見を最後まで聞けた	3	2	1
自分の意見を伝えることができた	3	2	1
人と意見が違うとき、勇気を持って自分の意見を伝えた	3	2	1
人が聞いてくれないとき、聞いて欲しいと伝えられた	3	2	1

2. お友達のことで、発見したことは何でしょう？

3. 自分のことで、発見したことは何でしょう？

おもしろいなあ。ふしぎだなあ。

3　学級崩壊状態での危機介入としての実施例

学級崩壊状態でソーシャルスキル教育を取り入れる場合、外部からの講師と学級担任とが連携して授業を進める方法があります。

これまでの実践例が担任を中心とするものであったのに対し、危機介入の場合には、短期集中で外部講師、ティーチングアシスタント（TA)、学級担任が連携しながら学級の人間関係やルールの立て直しをすることになります。

外部の人間が入ることの効果としては、学級に危機意識の自覚を持たせることや仕切り直しがしやすいことと同時に、TAによる個別フィードバックの効果をあげることができます。また、担任にとっては、自分が一歩引いた立場でクラスを観察しながらかかわれるので、客観的に子どもを理解しやすくなります。専門家の介入方法を見ながら、指導のポイントを体験的に学ぶこともできます。

プログラムを選択する上で、もっとも注意しなくてはならないのが、学級の状況のアセスメントです。崩壊状態では、物理的、心理的な安心空間や安全圏が崩れていますので、活動の枠組みをしっかりしておく必要があるためです。教室内で座って活動ができるのか、グループ活動が成立するのか、それともルールづくりから始めないといけないのかなどを見極める必要があるのです。

❶　学級を取り巻く状況

実践を行った小学校の学区は、公営住宅地の近くにあり、生活保護を受けている家庭や単親家庭がある一方で高級住宅地もあり、保護者間の生活格差が大きい地域です。教育に対する保護者間の意見が異なる上に、担任の授業や生活指導に対しても厳しい批判がありました。

そのため、毎年担任を変えざるを得ず、1年生から集団としてのまとまりがないまま5年生を迎えていました。自分が納得のいく方法でしか行動しない子、気に入らないと暴力を振るう子がいるために、リーダーシップをとろうとする子どもが減り、何かを語りかけても無反応か無視して勝手な行動をしているという様子が、授業でも休み時間でも見られるようになりました。

4年生になって、女子の間で仲間はずれが始まり、事情をよく聞かずに仲良くするように指示した担任に対して、女子は不信感を抱き始めます。教室が落ち着かないので、したくないことがあると固まってしまう子どもは状態がさらに悪化しました。授業は騒がしくなり、落ち着かない子たちへの対応に先生が手を取られている様子を女子はさめた目で見ていました。

担任は、できる限り一人ひとりに対応する努力をしましたが、疲労が積み重なっていきます。次第に授業準備はおろそかになり、声も小さくなり、ついに授業そのものが成り立たなくなってしまったのです。

5年生になり、担任が交代したときにアンガーマネージメントを取り入れることになりました。

❷ 行動観察によるクラスの状態のアセスメント

行動観察は、①担任の先生がいる状態、②専科の先生の授業、③校長先生が入ってきた場合、で行いました。また、④指導者が誰もいない休み時間の様子も室内と校庭とで行いました。観察項目は、この章の第2節表1でお伝えした内容です（96〜99ページ参照）。

①クラスのルールの理解

②友達との関係を維持する力

③関係性を積極的に発展させる力

授業が始まって、ベルが鳴っても席に着いている子が4分の1程度しかいません。校庭に誰もいなくなってもまだ遊んでいる子が5、6名おり、授業が始まるまでに10分かかりました。

授業中は、私語が多いのですが、授業の内容に関することを話している子と、関係ないおしゃべりをしている子とがいます。授業がつまらなかったり自分に関係ないと、紙にいたずら書きをしてまわす、勝手に本を出して読み始める、塾の宿題をするなど好き勝手なことをしています。また、気になることがあると友達のところに歩いていく子もいますが、教室から出て行く子はいませんでした。

また、他の先生との関係では、厳しい先生の言うことには静かに従いますが、あとで文句が止まらなくなり、次に穏やかな担任の先生の授業になると、のびのびと羽を伸ばしている様子が見えました。教師の役割はいちおう理解できているのですが、尊重して従うのではなく、怒られるのがいやなので、表面上は従っているという状況です。道徳性の発達としては、1段階目でした。また、受容してくれる先生には甘えるので、秩序が減退します。人間関係を維持するために他者を思いやったり、ルールを共有しようという動きは少ないようです。

休み時間は、さっと外に出てからだを使った遊びをします。集団にはなっているものの一人ひとりが感覚遊びをしているだけなので、ボールを思い切り蹴り飛ばしたりルール破りがあったりして、組織だった遊びにはなっていません。声をかけるより先に友達に後ろから飛び乗るので、乗られたほうは思わずころんでしまいます。それを見るとワッと2、3人がじゃれつきに入るという様子です。乗られている子は「重いー」とはいうものの、顔は笑っています。あとで聞くと「びっくりした」「困った」とは言いますが、その場では遊んでいるとしか見えない状況でした。また、意見がちがうとすぐに声が大きくなったり、たたきあいや蹴りあいが始まり、それに加勢する子が現れるので、話し合いになりません。その結果、一方的に強いほうの意見が通るということが繰り返されていました。

女子も仲良くおしゃべりしているかと思う

第1回アンガーマネージメント授業

題　材　自分のストレスと出し方を知ろう
目　標　自分のもやもやがどんなことから来ているのかを知る
　　　　怒りが激しくなると身体と心がどうなるかを知る
支　援　◇身体を動かすこと、楽しいことをすることでストレスが減る体験をする
　　　　◇気持ちをことばに置き換える

時間	生徒の活動	教師（1）の活動と目的	教師（2・TA）の活動
10:30	**1. 授業のオリエンテーション** 意見や気持ちを出してOKという動機づけを絵を見ながら行う	**授業の目的と何をするかについての説明** 同世代の友達が描いた絵や作品から、「怒り」「さびしさ」「キレたときの頭の状態」を分かち合う	担当する生徒のグループのそばにそれとなくついていて、こぼれていく呟きをキャッチしておく
10:40	**2.「ストレス風船」** 怒りがどのようなときに起こるかを考える 「怒りの火山」を示す ストレスを解消する方法を1つずつ実践 身体のところでは「かたつむりくんとのじゃんけん」「負けじゃんけん」もする	**自分のストレスに気づく** ストレス風船に空気を入れる実演 「学習上のストレス」 「生活上のストレス」 「友達関係でのストレス」 ●どのようなときに怒りを感じるかを質問し、その量によって、ストレス風船にポンプで空気をいれていく ●風船を使って、怒りの量と質を表し、怒りの感情についての考えを促す ●怒りを我慢するとどうなるかを想像してもらう 「引き金」のハチ登場。風船に向かって「勉強しなさい！」と言って針をさす。 ●怒りを解消することについて実演し、考えを促す ●怒りを上手に解消できる方法を、一緒に考えていくことを伝える 怒りが上昇すると身体と心がどうなるかを知る	何が起こるのか、興味津々と疑惑の両方があるはず 不安そうな子→そばに寄り添う 興味津々の子→どんどん意見を言わせてみる やりたがらない子→無理強いしないでそばで平行遊び 出てくる意見を全体に伝える 生徒の意見を教師（1）に返す 「〇〇さんはこうだそうですよ」 ・説明を聞いていない生徒に寄り添う ・実演をしている時の表情、態度、言語を観察する ・表情の変わらない生徒に寄り添う
	上手なストレス解消方法 →	1. 深呼吸を3回 2. カウントダウン 3. からだを動かす 4. 楽しいことをする	5. 問題を前向きに考える 6. 助けを求める 7. 具体的な解決策を探す
10:55	**3. マインドマップづくり** 1）現状理解 2）気持ちをどう変えたいかとその方法を考える	**「勉強のストレス」「家でのストレス」**をシートに入れ ・自分の気持ちに気づく ・気持ちは自分で変えられることに気づく ・自分にしてあげられることを考える	表情シートを配る ・活動内容がわからない生徒に声かけをする ・記入の進まない生徒に声かけをする ・書けない子には「表情シート」から気持ちを選ばせる ・その気持ちをどう変えたいかに注目させてください （具体的に何がストレスなのかすら言葉にならない子たちです。今後のフォローが必要です。）
11:40	**4. まとめ** 「怒りについて」 「上手なストレス解消法」を壁に貼って終わり	**「怒りは自然な感情」** ・出してOK ・正しく出そう ・自分のために、和らげることをしてあげる ・人にぶつけると自分が傷つく ・みんな同じようなストレスがあることがわかったら「引き金」は引かないであげよう	一緒に クールダウン

と、1人が誰かの背中をバシッとたたくと、次々にみんながたたくという状況が続きました。誰か1人をねらうというのではなく、場面によって誰でもいいかのように次々とたたかれる子が変わっていきます。「これは、何をやってるの？」と穏やかにたずねると、ニコニコと「じゃれてま〜す」とたたいている子が答えました。たたかれている子にあとで聞いてみると、「ほんとは痛いし嫌だけど、自分もやってるから何も言えない」ということでした。

また、楽しいことは大好きですが、マナーや思いやりは不足しており、人の失敗や体のことなどをケラケラ笑いながら指差しして笑っているという様子も見えました。

❸ プログラム

行動観察の結果、ターゲットとするソーシャルスキルは、まず、クラスのルールづくり、次に、自己理解と他者への愛着を高めることになりました。

好奇心は強く、からだや言葉を使って表現することができる子どもたちなので、人との適度な距離感を理解した上で自分らしい表現の仕方を学ぶことで気持ちや考えを的確に伝えられるようにすることを目標にしたわけです。

回数は、1学期に6回組みました。途中、運動会があったため、大きく3つのユニットに分けることにしました。最初の2回は楽しくかかわりあうためのルールづくりとストレスマネージメント、および次の2回で自己理解、と他者理解、最後の2回で相手を傷つけない自己表現、およびコミュニケーションの促進となりました。

❹ 子どもたちの変化

第1回　楽しくかかわるためのルールづくり

このクラスにとって最も大切なのは、「みんなが」「安全に」「楽しく」遊べる環境づくりです。これが活性化される可能性があるのは、外遊びのときでした。

そこで、最初に取り入れたのは、単純なルールのある遊びです。場所は体育館で実施しました。安全圏と移動範囲を絞るためです。子どもたちは、外部から人が来るということで興味津々ではあるものの、集まりは悪いし、1つの輪になれません。長い説明はまず聞きませんから、「今日は体をたくさん動かします。けがしないようにストレッチをしておきましょう」という簡単な導入で「鏡のストレッチ」にはいります。

「鏡のストレッチ」は、一人が自由に動き、相手がそれをまねて動くというものです。ただ動くように促しても「え〜っ、面倒！」ということになるので、デモンストレーション

はコミカルに行います。動きをリードする役には、空間を自由に使う自己表現力が試され、鏡役には、「相手をよく見る」「ペースを合わせる」という他者理解と協働の要素のアセスメントをすることができます。

2人組みでの動きができることを確認できたので、少し協力のレベルアップが必要な「尺取虫」を実施することにしました。2人が向かい合って体育座りをします。相手の両足の甲の上に自分のお尻を乗せます。両手は前でつなぎます。このままだと動きません。ここから、声をかけあって、前進または後進をするわけです。「どうする？」と言いながら引っ張り合って横倒れするペア、両方が一緒に動いて立ち上がってしまったペア、動けないまま固まっているペアなどいろいろな「尺取虫」が登場しました。うまく進めるペアがあると、思わず「おーすごい」という歓声があがりました。難しいワークなので、心から「すげー」という気持ちが出たようです。

次に「しっぽとり」を行いました。はちまきを体育着のウエストゴムに挟み込んでしっぽにします。自分のしっぽをとられないようにしながら人のはちまきを引き抜くというものです。全員が鬼で、全員が逃げる役です。

ルールが育っていないクラスで大切なのは、ルールを守ったほうが楽しいということに気づくことです。また、一度は結果的にルール違反をしても、それを責めるのではなく、すぐにやり直しができる環境をつくっておくことです。逸脱行動は、自分の居場所がないときに生じやすいからです。

そこで、しっぽとりでは、動ける範囲を決めます。コーンを使ってその内側だけで動く

ことができ、誰か1人でも外に出たらそこで、ストップとします。ルール違反者は1回休みとし、仕切り直しをして、また始めます。

このとき逸脱行動であることは指摘せず、動いていい範囲を再確認するだけにします。危険な行動やルール違反があったらまたストップ。

その代わり、より複雑でおもしろそうなルールを入れていきます。ルール違反は、単純なゲームに飽きている場合に現れやすいからです。違反が出たらすぐにストップをするのは、逸脱行動を長引かせないこと、および彼らのニーズを遊びに取り入れる姿勢があることを示すためです。

最初は1人の活動、みんなが乗ってきたら、グループで何本取れるか作戦を立てさせる、という具合に、一人の感覚遊びを、併行遊び、共同遊び、組織だった遊びへと展開させていきます。

ルール違反で1回休みになっても、次の回には参加できるチャンスを与えておきます。また、大きく範囲からはみだしても追いかけません。メインの活動に自分から興味を持つように仕掛けることが大切です。

走り疲れてきたら、座ったままでできる「パタパタ」（62ページ参照）やボール回し、「ガッチュ」（60ページ参照）や「ジップザップ」（62ページ参照）などを組み合わせていきます（詳細は、「感覚統合」の項を参照）。大切なのは、子どもを休ませないこと。考える暇なく次々と楽しく活動する中でルールを守る体験をさせることです。

最後は、クールダウンの活動です。楽しいことをすると興奮しますから、ハイテンションで次の授業に入る可能性があるため、右脳を沈静化する必要があります。この日に使ったのは、「手の輪唱」です。輪になって、様々な手の動きで音をつくり輪に伝達していくというものです。小さい音から初めて、だんだんに違う音をつくり、最後はまた静かになります。「これは何の音だったと思う？」とたずねると、「通り雨だ！」と言った子がいました。心で音を聞けていたようです。

逸脱していた児童も、途中何度かはグループに混じっていました。ずっと座り込んで動かない子もいましたが、友達がやっているのをそばで見ていたようです。

体験学習は、学んだことを日常生活で練習することが大切なので、担任の先生には、休み時間や放課後、体育の時間などに必ずこういう遊びを１つ入れてもらうようにして、１週間後に第２回を迎えました。

第２回　ストレス風船－自分のイライラに気づく

２回目は、教室で自分のイライラのもとに気づき、それを前向きにとらえられるようにすることがテーマです。

体育館の活動とちがい、教室でじっとしているのは苦手らしく、ザワザワがなかなか落ち着きません。「ストレス風船」を見せると、「やる」「貸して！」と勝手に取り上げようとします。

すかさずルールを入れます。

「質問に答えたら、空気を入れてOK」

講師とTAが教室を歩き回りながら「どんなときにイライラする？」という質問を投げかけると、次々と答えがあがりました。

パンパンになっている風船ができあがったので、鋭い針をお尻につけた「ハチ」が登場し「引き金」となる言葉で爆発するところを実演しました。しーんとなりました。「割れちゃったね。みんなは、だいじょうぶ？」。子どもたちの目は見開かれたままです。耳を押さえている子もいます。

その後、「怒りの火山」（66ページ参照）を説明し、いろいろな感情をためこむと「からだ」が激しく反応し始めること、同時に「心は」活動しなくなって頭の中は真っ白になっていくこと、そんな状態で友達に言った言葉や行動は、相手も自分もひどく傷つけることを説明しました。

緊張が続いていたので、ここで「深呼吸」のストレスマネージメントを導入します。その後、「こういうふうに頭が真っ白になって爆発しちゃうことってある？」と聞くと、日々体験している子どもたちは、「あるある～」とはしゃいでみたり、ずっしりと自分の中に入っていったりしていました。

「気持ちは自然なものだから、出してあげてOK。でも、上手にださないと八つ当たりになるから、まず、自分の心の中にどんな思いがあるのかを書き出してみよう」

と、ワークシート「イライラ虫を退治しよう」（52ページ参照）にとりかかりました。

「表情シート」から気持ちはすぐに絵にできましたが、「イライラのもと」はなかなか言葉になりませんでした。TAが具体的な例をあげながら質問をしていくと、子どもたちは以下のようなストレスのもとをあげました。

①家庭でのストレス

「いろいろうるさい」「帰ってすぐなのに勉強しろと言われる」「妹と比べる」「説教が長い」など

②学校でのストレス

「授業が聞こえない」「授業がつまらない」「わからない」「○○先生がどなりまくる」「クラスがうるさい」など

③友達関係のストレス

「友達にばかにされる」「無視される」「暴力」など

その気持ちを少しでも楽しい気持ちにするために、自分にしてあげられることを考えてもらうと、「マンガを読む」「友達と遊ぶ」「ゲームをする」など、気晴らしをする子どもがほとんどでした。中には、「勉強ができるようになる」という前向きの子もいましたが、少数でした。

この回では、まとめとして、いろいろなストレスマネージメントの方法（第2章「ワークシート集」参照）を紹介すると同時に、一時的な解決方法としては、気分転換はOKだけれど、本当にすっきりするためには、問題と向き合って、解決方法を探す必要があることを確認しました。

「ちゃんと向き合ってる？」という問いかけには、首を横に振る子も見られました。「自分がかわいそうだよ」と伝えると、ザワザワしていたクラスがしーんとりなりました。

第3回　「四つの窓」

3回目は、自分と向き合うこと、および人に興味を持つことが目標です。

画用紙に4つの窓を描いた用紙（次ページ）を渡します。そして、「4つの窓には、それぞれ〈好きな遊び〉〈休みの日によくやること〉〈今晩食べたいもの〉〈将来の夢〉を絵で描いてください。描かれたことを、みんなが当てるのを楽しめるような工夫をしてください」という指示を出します。

子どもたちはこれに応えて、暗号にしたり、国語の教科書の点字を出して書き出したり、絵をパーツで組み立てたりと、楽しい工夫が現れました。

2回目なので、自分と向き合うことの大切さに気づき始めている子どもは、じっくり考えて絵や記号にしています。中には、「絶対に当てられないように凝っちゃうぞ」と張り切っている子どももいました。「それが君らしさかもね」と伝えると、うれしそうでした。何を描いてよいかわからない子どももいましたので、そばに寄り添い、考えを促進す

「四つの窓」の例

食べたいフルーツ
イチゴ
しょうらいの夢
好きなあそび
やきゅう
休みにすること
書

る質問をしていきます。最初は友達のまねをしようとしていた子も、「あ、なんだ、そういうのでいいんだ」とわかると、シンプルな表現をしていました。どうしても絵が思いつかない子は、窓の中に「質問してください」と書いていました。

子どもたちは、ワイワイとお互いのものを見せ合ったり質問し合ったりしてとても楽しそうです。全体での振り返りで「自分のことをみんなに聞いてもらえたと思う人」と聞くと、3分の2くらいが手を挙げていました。また、「お友達のことが聞けたと思う人」と聞くと、ほぼ全員が手を挙げていました。

振り返りの中で、「5年生の間にやっておきたいこと」という質問に対しては、野球の試合、ピアノの発表会など自分自身への具体的な目標が多く描かれていましたが、「楽しいクラスにしたい」という子が5、6名いて、自分たちのクラスであるという意識が芽生え始めていることを示していました。

第4回　アサーション　ロールプレイ

4回目は、アサーション・トレーニングです。これは、「人を傷つけないで自分の言いたいことを伝える」というものです。

進め方は、本章第4節実践3（145ページ）の門原先生の実践例にありますので、詳細は省略しますが、サメ、カメ、テディベアの3種類のタイプの対応をロールプレイで見たあとに、次ページのワークシートを使ってそれぞれが「表現した気持ち」と「本当の気持ち」の違いを理解する、他者理解のワークで

1　サメタイプの気もちと、本当に伝えたいことはなんでしょう？

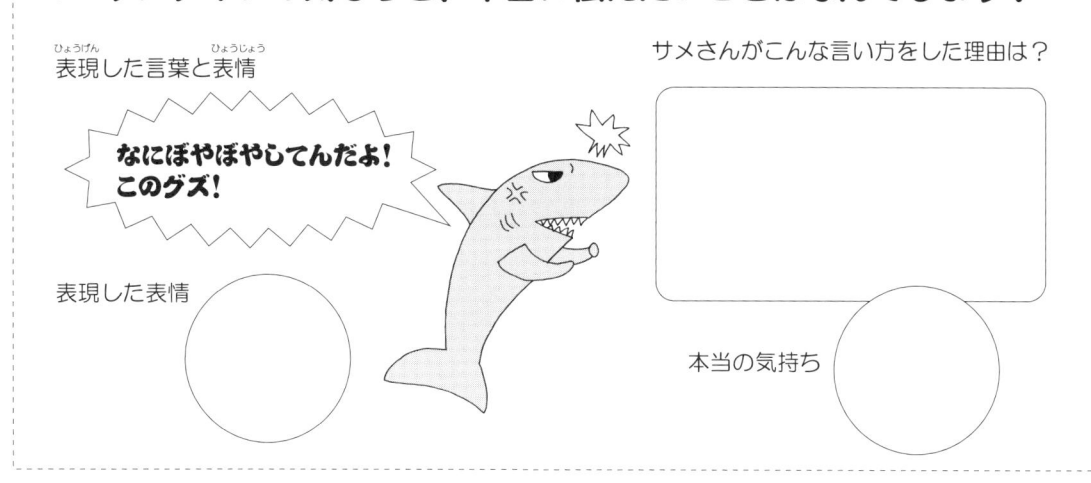

表現《ひょうげん》した言葉と表情《ひょうじょう》

サメさんがこんな言い方をした理由は？

なにぼやぼやしてんだよ！
このグズ！

表現した表情

本当の気持ち

2　カメタイプは、なぜ、気持ちを押《お》し込《こ》めたのだと思いますか？

表現《ひょうげん》した言葉と表情《ひょうじょう》

カメさんが黙《だま》ってしまった理由は？

・・・・・・・・。

表現した表情

本当の気持ち

3　テディベアタイプは、なぜ、相手を立てたと思いますか？

表現《ひょうげん》した言葉と表情《ひょうじょう》

テディくんは、どうして相手の言いなりになってしまうのでしょう？

ごめんね。
こんなとこに立ってた
ぼくがいけなかったんだよ。

表現した表情

本当の気持ち

振り返り用紙の例

振り返り用紙（コミュニケーションの３つのタイプ）

名前

1. グループでの話し合いのときに自分の気持ちを上手に出せましたか？

	いつも やっていた	ときどき やった	ほとんど やらなかった
イライラしたときに、気持ちを落ち着けることができた	3	2	1
困ったとき助けを求めた	3	2	1
人の意見を最後まで聞くことができた	3	2	1
自分の意見を伝えることができた	3	2	1
人と意見が違うとき、勇気を持って自分の意見を伝えた	3	2	1
人が聞いてくれないとき、聞いて欲しいと伝えられた	3	2	1

2. あなたは、３つのうちどのタイプだと思いますか？

１）サメタイプに似ている　（　　　　　　　　　　）

２）カメタイプに似ている　（　　　　　　　　　　）

３）テディベアに似ている　（　　　　　　　　　　）

3. 自分の気持ちを上手に伝えるには、自分はどうしたらいいと思いましたか？　アイデアを教えてください。

す。また、ふだん自分はどのタイプに近い対応をしているかという自己理解も行います。

一見ツッパッているサメが、実は自分の言いたいことを誰にもわかってもらえずにとてもさびしい思いや悔しい思いをしていること、自分を守るためだと殻に閉じこもっているカメは、人からはみじめに見えるだけではなくて、相手に気持ちが伝わらないこと。おだやかで好かれそうなテディさんは、自分の本当の気持ちは、誰にも伝えていないことがわかるようになりました。

自分はどのタイプに近いかを聞いた振り返り用紙（前ページ）では、「家ではカメ」「学校ではサメ」であったり「家ではサメ」「学校ではカメ」であったりして本当の自分を誰にも出せていないことが書かれていました。

図２　サメさん、カメさん、テディさんに必要なものは？

タイプ	特徴	必要な力
サメさん 	自分の言いたいことだけ	忍耐、 親分としての ふところの大きさ
カメさん 	自分の言いたいことも 言わないし、 人のことも聞かない	勇気 人への興味 遊びごころ
テディさん 	自分より、人を立てる	自分を大切にする心 相手を信じる気持ち
きつねさん 	八方美人でどっちつかず	自信
ふくろうさん 	自分の言いたいことも言うし 人のことも聞く 仲介役	みんなをリードする 大きな心とパワー

第5回 「フレンドシップアドベンチャー」

4回目までに、自分がどのタイプかがわかり、自分らしい表現をするためにはどうしたらいいかについて考えるきっかけができました。子どもたちから出されたエッセンスは、図2にまとめました。

そこで、第5回目では、5つのテーマごとに分かれて、自分の課題に挑戦してもらうことになりました。フレンドシップアドベンチャーは、5つの島に「勇気」「忍耐」「大切にする」「自信」「オリジナリティ」があります（詳細は第2章第3節2参照）。子どもは、自分が制覇したい島にコマを進めて、コマの目に書いてある指示に従います。カードを引いてそのカードの質問に答えるという具合です。ワークシートは、本章第4節（145ページ）を参照してください。

第6回 協力

最後は協力をテーマにしたグループ活動をしました。

グループ活動をする場合には、行動で協力し合うものと、知的に協力し合うものとがあります。このクラスでは、初回から体育での活動を取り入れてもらうことにしましたので、教室では言葉による協力（左脳を中心とした考える活動）を行うことにしました。

友達同士の関係が不安定なクラスで行う場合には、個人の役割が明確な活動を選びます。そのほうが安心して活動できるからです。なお、休み時間や放課後の遊びは続けていましたので、ルールのある遊びはずいぶんできるようになりました。

①活動内容

「宝島を脱出せよ」（日本GWT研究会『学校グループワーク・トレーニング〈3〉』遊戯社、所収）というグループワークを使って行いました。地図と課題カードを使います。

これは、5、6名が一組になり、課題カードに書いてあるヒントをたよりに、時間内に課題を解決するというものです。カードには、必要なものもあれば、必要のないものもあります。それぞれが数枚のカードを持っていますが、これは、口で読み上げることはできても、人に見せたり、人のカードをまるまる書き写したりしてはいけません。

②子どもの様子

すぐにグループ活動に取りかかりますが、ルールは「行動しながら確認する」というパターンになっていました。ルールの存在は認めていますし、「やりたいことのためには、ルールに従う」という行動もほとんどの子どもができるようになっていました。衝動性が抑えられない子どもが2、3名いましたが、発達障害や個別の家庭の状況など個別の支援を必要とする子どもたちであったため、併行して個別のアンガーマネージメントを導入することになっています。

このクラスの場合は、「困った」ところで介入するというパターンが一番効果があるようなので、勝手にやりはじめて何をしたらいいかわからなくなった段階（聞きたいというレディネスが高まっている状態）で一度クールダウンをしてルールを入れるということを繰り返すことにしました。ただし、ルールの説明は一回だけです。

介入するタイミングは、「協力」を成立させるソーシャルスキルの要素が必要になったときです。「リーダーシップ」「役割分担」「人の意見を聞く」「確認する」というスキルが使えずに混乱しそうになると、TAが介入します。

例えば、1人でグループを仕切る子どもは、身を乗り出して地図もカードもすべて自分のほうに向けようとします。それに何も言えずに、窮屈そうに小さくなっている隣の子がいました。介入のチャンスです。1人で仕切っている子には、「全員のヒントを集めると、暗号が解けるよ」と声をかけました。小さくなっている子には、「見える？」と具体的に聞き、手持ちのカードを見せてもらいながら「あ、ここにすっごくいいヒントがあるよ」とみんなの注目を集めました。これは、子どもが前の週の振り返りのときに「聞いてくれる人がいたら、自分の気持ちが伝えやすいかもしれない」と書いていたからです。

子どもたちは、介入によってどんどん意見をまとめるのが早くなりました。「相手の意見は最後まで聞く」「自信を持って話をする」はほとんどの子ができるようになっていました。

課題解決に差がついたのは、論理思考の発達によってでした。この課題は、算数の力が必要になります。時間を計算することができる子どもは、どんどん図を描きながら考えていました。また、右脳の発想力を持っている子は、1つの方法で行き詰まると、脱出ルートを柔軟に変えました。その意見でいいかについて、グループに確認する作業も行われ、わずか30分でしたが、次々と解答に行き着いていきました。

子どもたちの振り返りには、「頭をすっごく使ったけれども、とってもスッキリしました」「みんなで考えるといろいろな方法が見つかって楽しかった」「自分は1つの方法にとらわれてばかりいることに気づいた」「あの子にこういう才能があるとは思わなかった。ちょっと見直した」などというものがありました。一方で、自分の意見をあまり言えなかったという子どももいました。

6回を終えた段階で、共通した変化は、「教師の役割を認識できる」および「ルールを守ろうとする」子どもが増えたことです。日常生活でも「距離を保って遊ぶ」ことができるようになり、トラブルは減りました。授業中は相変わらずにぎやかですが、先生が指示を出すときはシーンとなり、作業になると元気におしゃべりをするようになりました。授業そのものも、聞く時間、作業する時間を分けて構造化したために、子どももけじめがつけやすくなったようです。

また、それぞれのタイプの子どもの課題を整理しました。元からある程度のソーシャルスキルをもっている子は、成長が著しく、協力の活動を楽しむことができました。しかし、不安が高く、人と一緒に活動することが苦手な子は、役割がはっきりしているときには活動の波に乗れても、いったん活動が進んでいって、いろいろな方向に会話が進み始めると、活動に入っていくきっかけを見つけることが難しかったようです。ただし、考えてはいるため、周囲の子どもの理解を促していくことが大切であることも確認されました。

4　キレる子への予防のための ソーシャルスキル教育実践事例

❶　小学校での予防的 SST 実践事例

(1)　実践の形態

小学校におけるソーシャルスキル・トレーニングは、

①　カリキュラムとして組み込まれ年間を通じて行われているもの
②　放課後に希望者に行われているもの
③　特別支援教育の一環として、取り出し式に行われているもの

という形態があります。

②③は、学校訪問しながら著者も実施していますし、今後も増えていくと思われます。本節では、低学年、中学年、高学年を対象にして行われた、①の年間のカリキュラムとして組み込まれている3つの実践事例をご紹介します。

荒川先生の小学校4年生の実践は、ソーシャルスキル・トレーニングを開始したばかりの子どもたちを対象とし、基礎的な力をつけるためにSST カード（156ページ参照）を活用した事例です。

伊藤先生の小学校6年生の学級での実践は、4年生からソーシャルスキル・トレーニングを開始した子どもたちが、3年間積み上げてきた力を使って自分自身の課題に取り組んでいくための実践展開になっています。

また、門原先生の小学校2年生の実践は、ギャングエイジと呼ばれ暴言が増えてくるこの年代のコミュニケーション特性に焦点をあてた事例です。

3例とも、はじめは先生個人が子どもたちへのソーシャルスキル教育が必要であると感じて実践し始めたものが学年へと広がり、学校全体で取り組もうという動きに変容していきました。同様の取り組みを、地方自治体全体でモデルプランを作成して実施していこうという動きも出ているようです。

表9は、荒川先生が4年生でセルフエスティームとストレスマネジメントを教えたときの計画案です。道徳と朝の会を活用しながら基礎的なソーシャルスキルの項目をSST カードを使いながら実践しています。

(2)　実践時の人的配置

SST を実践する場合には、ティームティーチング（TT）を勧めます。特に、基礎的な力を養成していくときは、全体をリードして授業全体をファシリテートしていく先生と、スキル不足の生徒に個別支援でサポートできる先生が必要になります。

荒川先生と伊藤先生の実践はTT で行われており、全体で説明する時間、生徒のソー

表9　フレンドシップサポートに生かすソーシャルトレーニングの計画
〈セルフエスティーム及びストレスマネジメントに関する計画〉

ソーシャルスキル	サブテーマ	配　分
ストレスマネジメント	①深呼吸をしよう	朝の会
	②体を動かそう	道徳１
	③自然に親しもう	
	④散歩をしよう	
	⑤好きな音楽を聴く	
セルフエスティーム	①自分のことには責任を持とう	道徳１
	②自分にしてほしいように、他人にもしてあげよう	
	③失敗したって気にしない	朝の会
ストレスマネジメント	⑥自分がリラックスしているイメージを	朝の会
セルフエスティーム	⑤マイナス思考の人たちの言うことは気にしない	朝の会
	④個性を大切に	道徳１ （本時）
	⑥自分らしいスタイルを見つけよう	
ストレスマネジメント	⑦心配するのを止めよう	朝の会

シャルスキル獲得状態に合わせて小グループでの活動をする時間、全体での振り返りの３部構成になっています。

門原先生は、学級担任の先生とのティームティーチング形式をとりました。

著者が実施するときは、学級担任の先生とのティームティーチング形式をとり、学生がアシスタントとして支援の必要な子どもたちをサポートするようにしています。

❷　実践事例の読み取りの視点

事例を読むときは、学年、学級の様子に注目してください。その上で、それぞれの先生がどのようなソーシャルスキルの目標を立て、教材を選んでいるかを理解します。実践中の子どもたちの様子にも注目し、子どもがどういう場面で変化していくのか、その変化を演出するために先生が実践中にどのような介入をしているのかも考察してください。

これから紹介する３事例は、筆者が考案して市販されているソーシャルスキル教材を使用していますが、いずれもクラスの状況に合わせて使い方を工夫しています。市販の教材については、154～156ページ「感情教育のための市販の教材について」を参照してください。

実践1

仲良くしたい気持ちを態度で表そう

友達にあいさつしたり、話しかけたりしてみよう

荒川信行

友達と仲良くしたい気持ちはあっても、それをうまく表現できない子どもがいます。例えば、たびたび言葉でからかったりちょっかいを出したりしてトラブルを起こすのは、こうしたスキルが不足していることが大きく影響している場合もあります。また、逆に友達から仲良くしようというサインがあっても、それに気がつかない、気がついても受け入れられない子どももいます。

そこで、SSTカード（154〜155ページ参照）をもとに話し合い、どのような言葉や態度が仲良くしたい気持ちを表現するのか、クラスで話し合い、共有することを目指しました。

対象

小学校4年生（6月）、道徳の時間60分間

本時の目的　仲良くしたい気持ちを表す言葉、態度を知る。

本時の内容　SST絵カードによる話し合い。仲良くしたい気持ちを表す言葉や態度を考えて出し合い、言葉かけの練習をする。

筆者（荒川）の前任校では、全校でSSTに取り組んでいました。この授業もその「友達づくりプログラム」の中に位置づけられ、この授業の前には、「一番の友達は自分」「友達に言ってほしい呼び名」などの学習がありました。

この授業の後は、折に触れ、どのような言葉がよかったか悪かったかを、この授業でつくった表で確認するようにしました。

また、しばらくして、毎日、記録カードに自分や友達のよいところが見つけられたか記録することにしました。自分や友達のよいところをなかなか見つけられない子は、この授業でつくった表をもとに、自分から声をかけてみる工夫をしたり、互いのよかったことを発表し合ったりしました。友達と仲良く楽しく活動できたことが互いのよさにつながるということの理解を深めていきました。

❶　SSTカードの提示とテーマの理解

問題となる場面（図3）をSSTカードで提示します。SSTカードは、手軽で、しかもクラスでSSTを進めるにあたって必要なことが網羅されているので、すぐに授業で活用できます。しかし、絵のサイズがA4判なので、クラス全員で一緒に見ていくためには工夫が必要です。今回は、イメージスキャナで絵をパソコンに取り込み、プロジェクタを使ってスクリーンに大きく投影する方法を取りました。(機器が普及して簡単に活用できるようになり、画像の加工もしやすくなりました)。大きく映し出された絵を見ながら、「しょうた君は、ユウキ君にどんな気持ちを伝えようとしているでしょう」と質問します。絵に登場する2人のキャラクターは、SSTカードのキャラクターとして人柄やイメージが設定されていて、すでに子どもたちは名前を覚えています。

図3　SSTカード

絵には、２人の子どもと犬が描かれています。まず左側の子ども（しょうた君）に注目させます（図４）。（パソコンを使うと、画像の加工が容易にでき、注目させたい点などを取り出して提示することができます。）

改めてしょうた君の様子や、話していることを子どもに確かめさせると、次のような発言がありました。

「動物が好きだと思います」「ハムスターを飼ってることを言いたいのだと思います」

主に言葉に注目している場合は、それを気持ちへと向けるようにします。

「しょうた君の気持ちはどうだろう。どんな気持ちを伝えたいのだろう」

図4

「一緒に動物をかわいがりたい」「ユウキ君と仲良くなりたい」

「それはしょうた君のどんな様子からわかりますか」

「ニコニコしてる」「ハートが出ている」「自分から話しかけている」

次に、右半分の絵（図５）を提示し、ユウキ君についても質問します。

「ユウキ君はどんな気持ちでいるでしょう」

「一緒に来てもいいよ」「散歩に誘ってる」「うれしい」「照れてる」

❷　仲良くしたい気持ちや拒絶したい気持ちを表す言動を考える

「しょうた君はユウキ君と仲良くしたいと思っています。みんなは友達と仲良くしたい気持ちをどんな言葉や行動で表していますか」

「『○○しよう』と言う」

「笑顔で話す」「『こっちにおいで』と手招きする」

「こういう言葉などのどういうところがうれしいのかなあ」

「仲間に入れてくれる」「喜んでいる感じ」

「わかってくれる」

「仲良くなるのは言葉だけではないね。怖い顔だと仲良くできない。笑顔も大切だね。言葉だけではなく、大切なのは？」

子どもたちは様々な言い方をしますが、「言葉」「表情」「態度」などをカテゴリーにしておくと後の話し合いがスムーズになるでしょう。それぞれについて、いくつか例

図5

図６　集まった言葉など

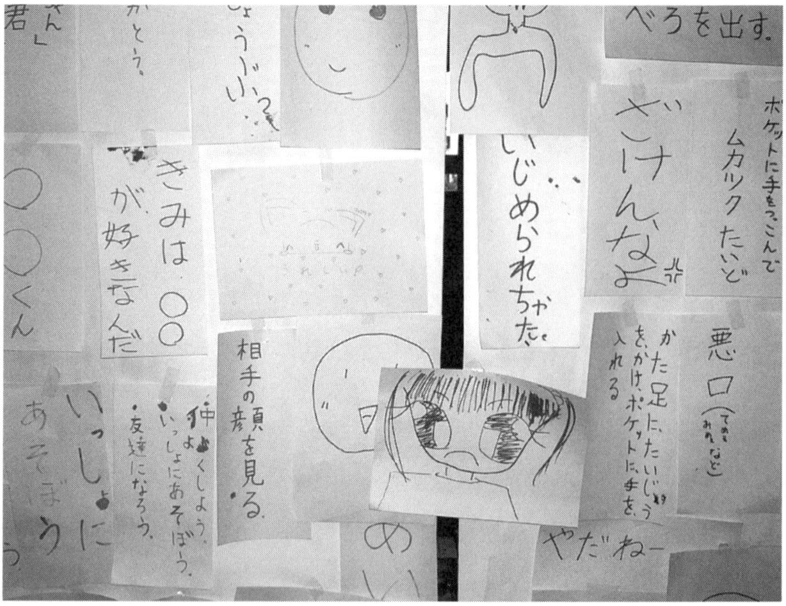

をあげてもらいます。

○言葉…「遊ぼう」「こっちに来て」「ありがとう」「おはよう」

○表情…「笑顔」「ニコニコ」（表情の絵）

○態度…「相手の顔を見る」「うなずく」

「では反対に、仲良くしたくない、嫌がっている感じなら、どんな言葉や態度になりますか？」

拒絶する言動についても、２～３の例を出してもらいます。

○言葉…「お前なんか…」「きもい」「やだねー」「ざけんなよ」

○表情…「こわい顔」「にらむ」（表情の絵）

○態度…「舌打ち」「しらんぷり」「ポケットに手を入れる」

❸　小グループの話し合いと発表

「これまで出されたものを参考に、今度はグループに分かれて話し合いましょう。はじめは仲良くなる言葉など、次に仲良くならない言葉などについて考えましょう」

次ページのワークシートなどを使って、４人程度のグループで話し合います。グループの中で出た言葉や態度を書き込むために、２種類の色のカードを配ります。仲良くなるほうはピンクのカード、仲良くならないほうはグレーのカードなどに書くとわかりやすいでしょう。

話し合いが終わったら、出た意見をそれぞれの色のカードに書き、グループごとの模造紙に貼っていきます。

❹　仲良くなるための言動の共通理解

話し合いで出た言葉などが全部貼られたか確かめたあと、全員で１つ１つ見ていきます。

「それでは、誰かにこの言葉、表情、態度をしてもらいましょう」

時間の許す限り、何人かの子どもに代表で出てもらい、実際に言ってみたり、その表情・態度をしてみたりします。

言葉などを貼り付けた模造紙（図６はその一例）は、しばらく掲示しておき、日々の振り返りに利用することにします。

○友達と仲良くなる言葉・表情・態度

言　葉

表　情

態　度

○仲よくしたくない言葉・表情・態度

言　葉

表　情

態　度

実践2 「私の感じ方でだいじょうぶ」という自信を一人ひとりに

伊藤裕子

前任校での、道徳の時間に学校全体でソーシャルスキル・トレーニングに取り組んで4年目の実践をご紹介します。平成18年度からは、品川区で市民科（新しい理念のもとに従前の道徳、特別活動、総合学習の時間を統合した教科）が創設されましたので、その中の「人間関係形成領域」の指導で、前任校のソーシャルスキル・トレーニングは継続されています。

この事例の学年は、3年生のときからエンカウンターなどを体験しながら学び、4年生ではSSTカード（前掲）を活用し、「ストレスマネージメントができる」「セルフエスティームを高める」「楽しいグループ活動ができる」という学習を進めてきました。5年生になり、今まで学習してきたことをベースにさらに「対立の解消」「みんなが大切にされるグループ活動」を目指し、様々なワークに取り組んできて、6年生になりました。

今回は今まで培ってきたグループ活動の力をベースに、まだ十分ではない「自分自身に対する自信をつける」ことに焦点をあて、自分らしく友達とつきあっていく力を伸ばしたいと考えました。その際、子どもたちが興味を示し、自分を内省しながら友達への理解も深めることができる、SSTボードゲーム『フレンドシップアドベンチャー』（本田・石川・熊本、2006年）を活用することにしました。

学年と教科、授業時間　小学校6年生（45人）
市民科、45分（2／4時間）

指導形態　3人の担任によるTT授業

本時の目的　自分の感じ方や考え方でだいじょうぶだという自信をつける

本時の内容

①学習課題をつかむ

②ウォーミングアップをする（7－11）

- 組がうまくつくれないときは、「周りをよく見る」「自分からかかわる」とうまくいくことを伝える。
- うまくつくれないグループには、偶然にだけたよらず「7」や「11」をつくるために作戦を立てるようアドバイスし、時間を保障する。

③フレンドシップアドベンチャー
——コンフィデン島の旅——

- 不適切な答えが出たときには、「こういうときどんな気持ちになる？」「それをするとどうなる？」と問いかける。
- 答えが出ない場合には、説明を付け加えたり、似た経験を思い出させたり、選択肢を示したりする。
- どうしても答えたくない子どもには、パスが使える設定にし、あとで個別に話す時間を持つ。

④学習を振り返る

- 気がついたこと、感じたことが書きにくい児童には、具体的な内容を思い出させ、それにふれるようにさせる。

フレンドシップアドベンチャーのボード

❶ ウォーミングアップ

学年全体（45人）が動き回るにはかなり狭い学年の部屋での授業設定になりました。したがって、学習内容は、広い空間がなくても何とかできるもの、固定した仲間関係だけにならないで自分たちでグループがつくれるもの、できたグループで一体感や達成感が味わえるもの、短時間でできるものという条件から、普段からいろいろな場面で多用している「○人組づくり」と「7－11」を組み合わせたワークを計画しました。

まず、今日の目当てを確認し、自由に10歩だけ歩いて止まります。全員が止まったら、「○人」と教師が人数をコールします。その人数に合わせて子どもたちは集まります。うまく組になれない子どもがいたら、どうすればよいかを子どもたちに投げかけ、考えさせます。そしてもう一度みんなでやってみる……ということを繰り返していくうちに、「全体の様子やどこに何人いるかよく見る」「人数を分割、統合する」ことが大切であることが自然とわかってきます。そして、言葉でそのことを明確にしていきます。

人数がそろって全員がすわったことを確認して、次は数字を大きな声でコールします。子どもたちはじゃんけんの要領で両手を出し、出した指の全員分の合計が、先ほどコールされた数字（7か11）と同じになれば、ゴールとなります。

ゴール目指して何度かチャレンジさせますが、言葉で打ち合わせはできません。一人ひとりやみくもに出すのではなく、誰が何を出すかよく見ておき、次に自分はどうするか考えさせるなど、アドバイスをしていきながらどのグループもできるだけゴールできるようにしていきます。

❷ フレンドシップアドベンチャー

ボードを広げただけで子どもたちがワクワクし、早く宝物をゲットしたいと思うボードゲームです。魅力ある宝を求めて旅をします。カードの山からカードを1枚取り、そのカードの質問にきちんと答えると、次に進むことができ、宝に近づくというルールです。

それゆえに、カードをめくり、そのカードの質問にきちんと答え、その答えを周りの子が聞くという一番肝心なことがおろそかになってしまうと危惧しました。

そこで、いきなりゲームをするのではなく、まずは1つずつ目当てを明確にしながら、順番に旅をする設定にしました。意識がとぎれないように、旅全体を貫くパスポートを用意し、日付けやそのときのメンバーを記入できるようにしました。また、ただの遊びではないということを明確にし、必要に応じて担任がきちんと介入できるように、グループを見取る分担をあらかじめ決めておきました。

今回は「コンフィデン島の旅」です。日頃の行動観察から自分の言動になかなか自信がもてない6人の子どもたちを特に意識して、3人の担任がそれぞれ2人ずつ見守ることにしました。

A君は自分が思ったことをすぐ言葉にするタイプです。豊かでおもしろい発想をします。でも、一度自分でこうだと思うと、なかなか意見を変えることができません。算数で、間違っていることが明確な場合もそうなのです。友達に意見されると、いじけてそのあとは投げやりになってしまいます。

このワークでは、同じグループの友達がニコニコしながら肯定的に受け止めてくれるし、ボードゲームの楽しさもあって、自分の意見を最後まできちんと言うことができていました。また、他の友達の意見もうなずきながら聞いていました。グループ全体の雰囲気がよいこと、話の聞き方がすばらしいことをA君を中心にグループ全体に伝えて、その場を離れました。

Bさんは普段から声が小さく、なかなか自分の意見を言うことができません。書く文字も小さく、薄く、行動もおどおどしています。Bさんのいるグループに近づいてみると、Bさんはゲームのボードから一番遠い、見にくい場所にすわっています。友達の話している声も聞きとりにくそうです。「見えにくいよね。みんなに言って、もう少し真ん中に寄せてもらったら」と小さな声で言ってみました。でも、動けません。しばらく待っても動く気配がなかったので、私がグループの

三木小　6年

みんなで目指す！

自分らしく・君らしく

～フレンドシップ号の旅～

話し合いの進め方

☆サイコロで1、2がでた時は・・・

全員がそのカードの答えを言って、最後にめくった人がみんなの話を聞いた感想を言おう。

☆サイコロで3、4がでた時は・・・

カードをめくった人が答えて、聞いていた他の人は３つ以上質問をしよう。

☆サイコロで5、6がでた時は・・・

カードをめくった人が、自分が答えた後、他に答えてほしい人を２人指名しよう。

フレンドシップ
アドベンチャー

フレンドシップ号の旅

名前

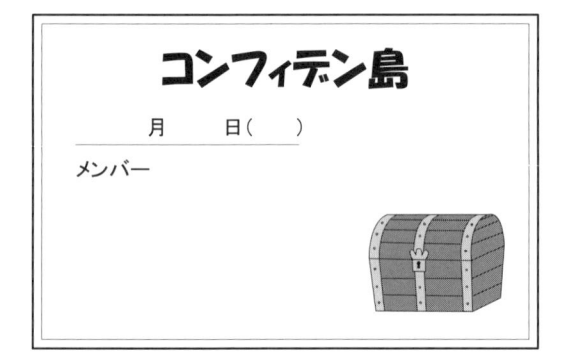

オリジナル島

月　　　日（　　）

メンバー

プレシャス波止場

月　　　日（　　）

メンバー

コンフィデン島

月　　　日（　　）

メンバー

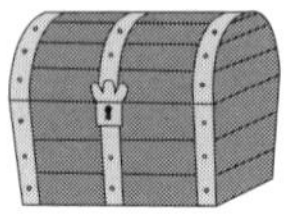

エンドア砂漠

月　　　日（　　）

メンバー

ブレイブ島

月　　　日（　　）

メンバー

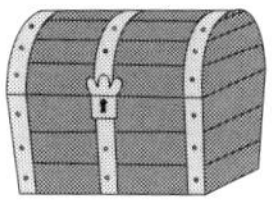

コンフィデン島の旅

名前

①あなたは、自分の考え方、感じ方でだいじょうぶだと思いますか？

②あなたは、前向きに考えることが
できるほうだと思いますか？

とても思う　思う　あまり思わない　思わない

③あなたは、友達やみんなの前で
自分の考えを言うことができますか？

いつも言える　言える　あまり言えない　言えない

④今日の学習で気がついたこと、感じたことを書きましょう。

オリジナル島の旅

名前

①自分の、自分らしさは何か
わかっていますか？

わかっている　わからない

②自分らしさを大切にしようと
思いますか？

とても思う　思う　あまり思わない　思わない

③あなたは、自分らしく考えたり、
行動したりできますか？

できる　できない

④今日の学習で気がついたこと、感じたことを書きましょう。

メンバーに言ってみることにしました。他の子たちはあっと言う表情をして、すぐにボードをBさんよりの真ん中に置き換えてくれました。「こっちのほうが見やすいよね」と声をかけると、上目遣いに私を見ながら、でもうなずいてくれました。

いよいよカードをめくり、サイコロを振って話をする順番がBさんにまわってきました。『いっしょうけんめい努力してよかったことは何ですか』という質問に、Bさんは少し考えたあと、とりあえず何か言っています。他の子たちも聞こうとしてくれています。でも、うまく伝わりません。

そばに寄って肩に手を置き、もう一度少し大きな声で言うように促し、じっと待っていると、他の女の子にも一声かけてもらって再び口を開くことができました。他の子も「言えたね」といった温かい雰囲気をかもし出してくれました。「終わりでーす」の声に、みんな残念そうにゲームを終了しました。

❸ 振り返り

今日の目当てはなんだったかを確認したあと、一人ひとりが「振り返りカード」(143ページ) を使って内省を進めます。3つの項目と表情ポスターの顔の選択は、比較的簡単に書くことができました。4番目の、概念的抽象的にまとめる振り返りは難しく、書けずにうなっている子どもが見られました。難しい子どもには、今日の学習で実際に起こった具体的なエピソードを思い出させ、そのことについての感想を書くようにアドバイスします。

教室をまわりながら、「自信」についてふれられているものをピックアップしておき、最後に全体で振り返るときにとりあげます。

C君は、男子1人であとは全員女子というグループに所属していました。C君は「今日はいつもより自信をもって意見を言うことができた」と記入していました。「何で自信がもてたのかなあ」と聞くと、無言です。「あとでみんなの前で発表してね」と頼んで私はその場を立ち去ってしまいました。

C君は発言力があり、教科の学習ではたくさん意見を言っているからです。全体の振り返りのとき、C君を指名しました。が、言えないままでした。なんとなくできてしまうことでも、それをきちんと分析して言葉に置き換え、子どもたちに認識させることが大切です。子どもが自分で言えないときには、指導者が代わりに言葉に代え、全体に伝えていくことが必要です。

このように、振り返りの時間はこの授業で一番大切な時間です。このあと、卒業間近の3月に、6年間の総まとめとして、5つの島を同時に旅しながら、自分たちが身につけた力を確認していきます。

実践3

めざせ！　ふくろうさん——すっきり「解決」の技

対立場面での互いを尊重したコミュニケーション

門原眞佐子

小学校2年生で、「対立解消」のワークとして「ふくろうさんの4ステップ」（本田、2002）を活用した実践例を紹介します。

実践した学級は、1年次は「上手に聴く技」、「あたたかい言葉かけの技」「上手な話し方の技（主張性スキル）」などのソーシャルスキル学習を継続的に行ってきました。そして、2年生になり「怒りの感情コントロールスキル」（門原、2005）を学習しました。

お互いに自分の気もちや意見を伝えることはできるようになっていましたが、遊びや係活動などで内容や役割を決めるときに意見が対立すると、彼らはそれらの意見を深めようとするのではなく、すぐにどちらかに決めてしまう傾向が強かったのです。

そこで今回は、子どもたちが内省でき始める頃と考えて、これまでの学習の発展としてコミュニケーションスキルを教えることにしました。そして、自分のコミュニケーションスタイルに気づいて、対立場面で互いに気持ちよく解決していくことができるよう、次のような授業プランを立てました。

学年と教科、授業時間　小学校2年生、道徳、3時間

単元名　めざせ！　ふくろうさん　すっきり「かいけつ」のわざ

目標　対立場面において、互いを尊重したコミュニケーションの仕方について理解し、自分に適したコミュニケーションの仕方を身に付けようとすることができる。

指導計画　（全3時間）＊担任教師とのティームティーチング（概要は、表10参照）

授業の進め方　低学年の授業は、具体例を実践しながら「テーマ学習」をします。低学年では、基礎的なソーシャルスキルを獲得することが大切だからです。また、低学年では、言葉だけでの「概念学習」は認知の発達上難しいので、伝えたいテーマは、モデルを示したり体験させたりするなど、できるだけわかりやすい形（モデル、実践など）に変換して提示することを心がけました。

授業の流れとしては、まず、「テーマ」の提示を行い、次に具体例で「テーマ」の理解を深めます。最後に「練習」をしながら日常生活につなげました。

---

❶　1時間目

⑴　使用教材

- 対立をモデル化した図（147ページ図7）
- 対立している状況を説明した「事例シート」（147ページ）
- 4つのタイプの特徴がわかる「タイプ別の説明シート」（148ページ図8）
- サメ、カメ、テディベア、きつね、ふくろうのぬいぐるみ、あるいは絵カード
- 授業中の子どもたちの意見をまとめて記入する「まとめシート」（150ページ表11）

表10　3時間分の授業の流れ

第1時（1時間）導入「なぜ、対立するのか」への気づきの促進

① 対立しているときの、お互いのコミュニケーションの仕方に気づき、対立を解決するときの4つのコミュニケーションタイプの特徴（サメ、カメ、テディベア、きつね）を知る。気持ちもすっきり、問題も解決するにはどうしたらいいのかを考える。

② 対立しやすい4つのコミュニケーションのタイプとそれぞれの問題解決の方法を知り、それぞれ本当に問題が解決されているのかを考える。

③ 4つのタイプでかなえられなかった、自分の気持ちも相手の気持ちも大切にするという観点を知る。

④ 自分も相手も尊重するという「ふくろうタイプ」モデルの獲得への動機付け。

めざせ、ふくろうさん！

第2時（1時間）「ふくろうタイプ」の理解

互いを尊重するコミュニケーションの仕方「ふくろうタイプ」の特徴を理解し、ふくろうタイプに近づくような自分自身の目当てをもつことができる。

めざせ！　ふくろうさん1　ふくろうさんのひみつをさぐろう

① ふくろうさんの答え方から、互いを尊重したコミュニケーションの秘訣を考える。

② 他の4つのタイプに、ふくろうさんになれるように手紙でアドバイスする。

③ これまでの自分のコミュニケーションタイプを振り返り、自分のスタイルを一歩進めて、ふくろうタイプに近づくような目当てをもつことができる。

第3時（1時間）「ふくろうさん」の実践演習

互いを尊重したコミュニケーションの練習を行い、実践意欲をもつことができる。

めざせ！　ふくろうさん2　ふくろうさんになってみよう

① 2人1組になり、シナリオロールプレイで練習をする。

② 練習の成果を発表し、みんなに見てもらう。

③ 日常での場面を考え、実践意欲をもつ。

⑵ 授業展開

授業の最初に、図7のような対立をモデル化したものを黒板に提示し、説明をしました。

【①、②、③での説明】

① 対立は当たり前であることの意識化

何かを決めるとき、友達と考えが違うことがあるが、それぞれに自分の考えがあるのだから、いろいろな意見があっていいことを伝えます。

② 自分の言い分ばかり通そうとすると相手がどうなるかについての気づき「もし一方的に相手が意見を通したら、自分はどんな気持ちになるだろう？」と問いかける。子どもたちに日常の自分の体験と比べさせながら、自分はすっきりしても、相手はいやな気持ちになるかもしれないことに気づいてもらうように発問していきます。

小学校2年生では、いきなり「相手の気持ち」を考えたり感じたりする力はまだ未発達なので、まず自分に当てはめてみると考えが進みやすいようでした。

③ 「すっきり解決」する方法の学習

本当の「解決」は、自分も相手もお互いを大切にして、いろいろ考えて一番いい方法に決めることだということを伝えます。

図７　対立のモデル

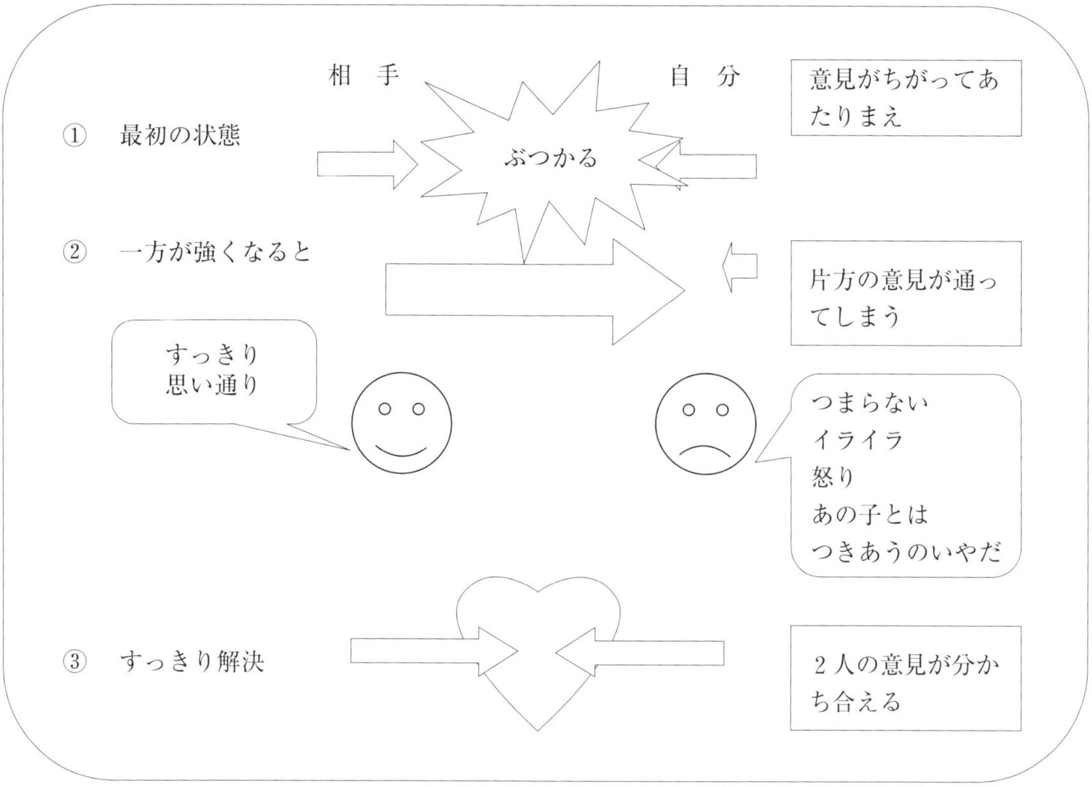
相　手
自　分
意見がちがってあたりまえ
①　最初の状態
ぶつかる
②　一方が強くなると
片方の意見が通ってしまう
すっきり
思い通り
つまらない
イライラ
怒り
あの子とは
つきあうのいやだ
③　すっきり解決
２人の意見が分かち合える

また、「すっきり解決」のときは、問題も解決するし、気持ちもすっきりすることに気づかせました。

【具体的事例での理解】

次に、登場する動物を紹介し、右の「事例シート」とサメ、カメ、きつね、テディベアの特徴を示した「図８　タイプ別の説明シート」（148ページ）を配布しました。

ステップ１　４つのタイプの反応の理解

ここでは、生徒たちが「自分の意見が他人と違ったときにどうなるか」というシミュレーションをすることが目的です。

教師は、まさこさんの役になって、「私はドッジボールがしたいな。サメさんはどう？」とタイプ別に聞いていきます。子どもたちはそれぞれのタイプならどう答えるかを考えて答えます。このとき、教師は、サメ、カメ、テディベア、きつねの絵カードやぬいぐるみを提示し、子どもたちは、「タイプ別の説明シート」を見ながら考えます。

事例シート

> ある学校の話です。登場するのは、サメさん、カメさん、きつねさん、テディベアさん、フクロウさんです。昼休みにみんなで遊ぶことになりました。ドッジボールをするかサッカーをするかでもめています。まさこさん（筆者の名前）はドッジボールがしたいと思っています。動物さんたちは、みんなサッカーがしたいと思っています。

図 8　タイプ別の説明シート

サメタイプ
力や言葉で
自分の思い通りにしようとする。
人の意見はきかない。
カメタイプ
こわがりなので、何も言わないし、
しないで自分の殻にはいってしまう。
テディベア
タイプ
人の気持ちがよくわかるので、
自分の意見は言わないで
相手の意見にしたがう。
キツネタイプ
どっちつかず。
その場の様子で態度を変える。

教師は、子どもから出た答えをぬいぐるみや絵カードを動かしながらやってみせます。

例えば、サメなら「ふざけんな！　サッカーやるって決まってんだろ！」、カメなら「私はわかりません」、あるいは何も言わずに固まっている。きつねなら「なんでもいいんじゃないの～」、テディベアなら「あ、まさこさんがそう言うならぼくもそれでいいです」などです。

また、子どもたちから出されたそれぞれのタイプの答え方は、タックシールに書き込み整理して表に貼り、子どもたちが視覚的に理解しやすいようにしました。このとき大切なのは、それぞれのタイプを否定しないことです。それぞれの特徴をさらっと伝えながらも、得意なこと、苦手なことを交えて解説することが必要です。例えば、「サメさんはやりたいことがはっきりしてるんだよね。ただ、伝え方が怖いね」「カメさんは、とっても心配なのかな。言いたいことがあっても言えないのかもしれないね」等です。

それぞれのタイプを肯定的にとらえていくのは、このあとでふくろうさんタイプを紹介したときに、自分のタイプを土台にしてふくろうさんに近づくにはどうしたらいいのかを考えられるようにするためです。自分が否定されると、子どもたちは劣等感が強くなり行動を変容しようとは思わなくなるので、コメントには注意が必要です。

ステップ2　4つのタイプの応答による影響の理解

4つのタイプの反応が出そろったら、その反応をしたときに相手がどんな気持ちになるかを考えます。

まず、1つ1つのタイプについて、子どもたちに「まさこさん」の意見である「わたしはドッジボールをやりたいな」を言わせ、筆者がサメ、カメ、テディベア、きつねになってセリフを言ったあとで、子どもがどう思ったか、どう感じたか、をたずねました。

子どもたちは、「ひどい。自分ばっかりだよ」「無視されたみたい」「冷たいからいやだ」「それじゃ決めらんないよ～」などと気持ちを発表しました。そして、「自分の気持ち」と「相手の気持ち」に分けて、それぞれのタイプについて伝わったら○、伝わっていなければ×で分類しました（図8を参照）。

その結果、子どもたちは、この4つのタイプには、両方の気持ちがすっきりしているものはないことに気づきました。

ステップ3　ふくろうさんタイプの紹介

4つのタイプでは問題が解決されないことに気づいた子どもたちに、自分と相手の両方に○がつくにはどうしたらいいかを問いかけました。「自分の気持ちも伝えられて、相手の気持ちもわかるタイプ」という答えが出たところで、「ふくろうさん」を紹介しました。

ステップ4　自分の反応への気づきと次回への導入

行動変容していく目標のモデルがわかったところで、「自分によく似たタイプの動物さんがいないかな？」と自分自身を振り返る投げかけをしました。すると、「ぼくはねえ、サメさんのときや、そうそう、きつねさんのときもあるよ」とか「うん、自分がどの動物さんかわかるよ」という素直な反応が聞かれました。

筆者も「先生もサメさんになるときやカメさんのときもあるよ。でも、今日の勉強で、ふくろうさんがいいなと思ったよ。だから、この次の時間はみんながふくろうさんになれるように、ふくろうさんの秘密を勉強しようね」と意欲づけをして次時へつなぎました。

❷　2時間目

(1)　使用教材

- 1時間目に使用した「まとめのシート」
- 手紙（アドバイスを書くもの）
- ふくろうさんの秘訣カード

(2)　授業の流れ

この授業の目標は、「ふくろうタイプ」になる秘訣を知ることです。自分も相手も大切にするということの意味を考えながら、実践するために必要なスキルを伝えました。ここまでは、「テーマ学習」です。

このあと、4つのタイプのうちどれか1つを選んで、そのタイプの人へのアドバイスの手紙を書いてみるという実習を行いました。子どもたち自身がふくろうさんに近づけることを目指して、ふくろうさんになったつもりで、アドバイスの手紙を書くのです。

表11　授業中、子どもたちから出た意見をまとめていった表（「まとめシート」）

タイプ	サメさん	カメさん	きつねさん	テディベアさん	ふくろうさん
意　見	「サッカーがいい。サッカーするって言ったら絶対にサッカーだ！」	「……」	「（○○さんがサッカーにしたぞ）サッカーがいいです」 「（あれ、今度はドッヂにかえたぞ）やっぱりドッジがいいです」	「みんなが決めたのでいいです。」 「どっちでもいいです。」	「自分はサッカーがしたいけど、ドッヂがしたいまさこさん、理由を教えて。」 「なるほど、外は暑いから体育館でドッヂをしたほうがいいね。」
どう思う？ どんな感じ？	•イライラするから嫌な気持ち。 •言葉がきつくて、怒ったような感じ。 •サメさんなんか嫌いになる。 自分○　相手×	•何を考えているのだろう。 •なんかイライラするなあ。早く言ってよ。 •一体どうなんだろう。ずっと黙ったままなのは、嫌な気持ち 自分×　相手×	•時間がかかるから、ほうっておこうかな。 •どうしていいか、わからないな。 •何を考えているのかわからないから困るなあ。 自分×　相手×	•ちゃんと自分の気持ちを言ってほしいな。 •困ったな。本当にいいのかな。 •はっきり自分の意見を言ってほしいな。 自分×　相手×	•うれしいな。 •楽しく遊べそう。 •仲良しになった感じ。 •理由や意見を聞いてくれたからうれしいな。 自分○　相手○
どうすればいい？ ＊これらの意見は、子どもたちがハートのカードに書いて、次々に貼っていった。	•イライラしないで、落ち着いたらいいよ。 •もっと優しく言うといいよ。 •言葉づかいをもうちょっと直したほうがいいよ。 •かあ～とならなくてもいいよ。 •怒って言わないで。 など	•聞こえる声で、自分の意見を言ったらいいよ。 •無視しないで意見を出すといいよ。 •黙っていないで、意見を出した方がいいよ。 •自分の気持ちを言うといいよ。 •自分のしたいことを言えばいいよ。 など	•人任せにしないで、自分の意見をちゃんと言ったらいいよ。 •どっちがいいか自分で決めて、理由を言うといいよ。 •みんなが手を上げが方に決めない方がいいよ。自分の意見を言った方がいいからだよ。 •友達とちがっていてもいいよ。 など	•もっと自分の意見を言った方がいいよ。 •自分のことは自分で決めた方がいいよ。 •みんなにわかるように、ちゃんと自分の意見を言った方がいいよ。 •自分の意見をはっきり言ったらいいよ。 •みんなと同じじゃあなくてもいいよ。 など	めざせ！ ふくろうさん 

【参考・引用文献】本田恵子『キレやすい子の理解と対応』ほんの森出版、2002年
門原眞佐子「怒りの感情をコントロールする」佐藤正二・相川充（編）『実践！ソーシャルスキル教育』所収、図書文化、138－147頁、2005年

例として、子どもたちとサメさんの場合を考えました。この学級で１年生から実践している「もっと～するといい」という肯定的なフィードバックの仕方をすることを確認した上で、具体的な場面を提示しました。子どもたちは、思い通りにしたくて人の意見が聞けないサメさんには、「落ち着いて落ち着いてって言ったらいいよ」「もっとやさしい声で言ったらいいよ」と意見を出しました。

この例を参考に、各自がハート型のカードにアドバイスを書いていきました。取り組みにくい子どもには、掲示してある学習内容を参考にするよう助言しました。途中、筆者がカードを見ながら「これは、きつねさんに書いたのかな？」と聞くと、「ピンポーン」と答える子どもがいて、他の子どもたちもそれをまねし、クイズ形式の楽しい活動になりました。

できたカードは、黒板に張ってある、サメ、カメ、テディベア、きつねの絵のところに張り出されていきました。カラフルなハートがたくさん張られて、視覚的にも温かい雰囲気になりました。

最後に、自分自身を振り返り、自分はふくろうさんになるためにどうすればいいのかを考え、「めあてカード」に書くようにしました。ここでも、書き方については、具体的に例示しています。「ぼくは、サメさんみたい

ふくろうさんの「秘訣カード」（本田（2002）「ふくろうさんの４ステップ解決法」より）

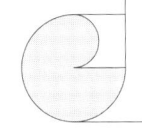

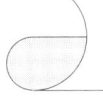

秘訣その１：ふくろうさんには、「問題を解決しよう」という気持ちがあります。

秘訣その２：ふくろうさんは、自分の気持ちを伝えるのが上手です。
　ふくろうさんの伝え方
　　「わたしは、こう思います」
　　「わたしは、こう感じます」

秘訣その３：ふくろうさんは、相手の話を聞くのが上手です。
　相手が話している間は、割り込みません。
　相手が話しているときに、何を話したいのかを冷静に受け止めます。

秘訣その４：ふくろうさんは、問題を解決しようとします。
　問題を解決するために、できるだけ多くのアイデアを出します。
　相手が出したアイデアを、否定したりばかにしたりしません。
　それぞれの解決方法のプラスとマイナスを考えます。
　お互いに納得のいく解決方法を選びます。

にすぐイライラしちゃうから、もっとお友達の意見を落ち着いて聞くようにしてみるよ」等です。書く活動が苦手な子どもには、教師が話を聞いて、書き方を教えました。

子どもが書いた目当ての例

- 私は、テディベアさんになるときもあります。どっちでもいいよ！ってあんまり言ったら、みんなが困るから、ちゃんと自分の意見を言うよ。
- ぼくは、きつねさんが多いので、人任せはやめて自分の意見を言います。もっとがんばりたいです。

❸　3時間目　実践演習

⑴　使用教材

- 「シナリオ」（資料１）
- ふくろうさんのメダル

⑵　授業の流れ

ここでは、シナリオロールプレイをして、ふくろうタイプのコミュニケーションに慣れる学習をしました。まず、子どもたちが意欲をもってふくろうさんを目指せるように、右上の絵のような「ふくろうさんメダル」をつくりました。裏には、いつも自分の目当てを意識しながら活動ができるように、前時に書いた「めあてカード」から筆者がそれぞれの子どもの「めあて」を書き写しておきました。メダルをもらった子どもたちはやる気満々のようでした。子どもたちには資料１のようなシナリオを配りました。

シナリオを見ながら、２人１組になって練

習しました。慣れない表現で最初はぎこちなかったようですが、身近な話題だったので、次第に自分の言い回しでセリフを言えるようになってきました。

そして、みんなに聞いてもらって、上手なところやがんばっているところをフィードバックしました。「にっこり笑ってはっきり言っているのがいいです」「お互いに目が合っていたところがよかったです」など、これまでのソーシャルスキル学習で学んだ非言語の大切さが発表され、学習を積み重ねることの重要性に改めて気づかされました。

感想では、「今日は練習やメダルでぼくの心がつながってよかったです。ひみつをがんばります」「私も人任せにしないで、これからは自分の意見も言いたいです」「イライラしてサメさんになるけど、やさしくなりたいから、ふくろうさんになります」「係や学芸会の役を決めるとき、ふくろうさんになれるようにしたいです。絶対ふくろうさんの秘密をがんばって使いたいです」など、ふくろうさんを目指そうとする意欲が感じられました。

しかし、この１時間だけでは日常化は期待

資料1　シナリオ

めざせ！　ふくろうさん

めあて　がんばりれんしゅう

おひる休みに，みんなであそぶことになりました。
サッカーをするかドッジボールをするかで意見がわかれています

【台本（だいほん）】

①ふくろうさん１　「わたし（ぼく）はサッカーがいいな。わけは、みんなサッカーでよくあそんでいるからだよ。」
「～さんはどう？」
②ふくろうさん２　「わたし（ぼく）はドッジボールがいいな。わけは、外は暑いからだよ。」
③ふくろうさん１　「じゃあ、いっしょに考えよう。」
④ふくろうさん２　「そうしよう。」
⑤ふくろうさん１　「たしかに、外は暑いから体育館でしたほうがいいね。」
⑥ふくろうさん２　「体育館でできるのは、ドッジボールだよ。」
⑦ふくろうさん１　「なるほど。今日は暑いから、体育館でドッジボールをしたほうがいいね。この考えでいい？」
⑧ふくろうさん２　「うん、いいよ。こんど涼しくなったら、外でサッカーしようね。」
⑨ふくろうさん１　「うん、いい意見だね。そうしよう。」

⇨　こうして、２人はすっきり「解決《かいけつ》」したのでした!!

（実際は、子どもに分かりやすいように、ふくろうさん１と２の意見を色分けしてあります）

できないので、この学習で使った表などはそのまま掲示し、常に視覚に入るようにしました。また、いろいろな場面で担任教師から「今の言い方はどの動物さんかな？」「ふくろうさんになるにはどうすればいい？」などの声かけをしてもらうようにしています。

　直後の国語の学習では、「あったらいいなと思うものをお互いに発表しあう場面」で、ふくろうメダルを活用したそうです。メダルをすると、子どもたちはふくろうさんになりきって、穏やかな表情でお互いに発表しあえたということでした。

　今後は、シナリオロールプレイを発展させたワークや多くのアイデアを出して問題解決を図る練習を継続して行い、より実践的な学習にしていきたいと考えています。

感情教育のための市販の教材について

「表情ポスター」「表情カード」「表情シート」「表情マグネット」

『キレやすい子への理解と対応』でもご紹介しましたが、「表情ポスター」をはじめとした表情シリーズは、子どもたちが自分や人の気持ちを理解したり、気持ちを表す言葉を増やしたりするためにとても有効な教材です。

「気持ち」という抽象的なものを具体的に目に見える形にすると、気持ちの変容は起こりやすくなり、感情のコントロール感を得やすくなります。

「表情ポスター」と「表情カード」には、40の表情が親しみやすいマンガ系の絵で描かれており(次ページの写真参照)、「表情シート」「表情マグネット」には、抜粋した20の表情が描かれています。表情が表現する気持ちは、「怒り・不満」「悲しい・がっかり」「幸せ・うれしい」「その他」の4つのグループに分かれており、子どもたちは、カードを選ぶことで自分のそのときどきの気持ちを確かめたり、同じグループの中の表情を探して気持ちを緩和させたりします。また、イライラしたときに、そうなるまでの感情の変化を、「表情カード」を並べ替えて考えたり、気持ちを落ち着かせたいときには、こうなりたいという表情を選び、そうなるためにはどうしたらいいだろうかと具体的に考えたりします。

「表情ポスター」は大型なので、教室や保健室、学校の廊下などに貼って、日常的に気持ちのモニタリングに活用している学校が多いようです。一方、「表情シート」は、ソーシャルスキル教育の授業の時間に、児童・生徒が1枚ずつ持って作業をします。「表情カード」は、個別指導で用いられることが多く、ケンカしたりパニックになったりした児童・生徒に対し、気持ちの変化を時系列で考えさせるのに適しています。

「SST カード」

SST とは、Social Skill Training(ソーシャルスキルトレーニング)の略です。誰でも SST 教育に取り組めるように、各カードはやや小ぶりの紙芝居のように、表面のイラストを子どもたちに見せ、先生方は裏面に書かれた授業の進め方やポイントを読みながら進めていきます。

ソーシャルスキルの基本となる5つのテーマに、それぞれ10のスキルがイラストと文章で紹介されています。5つのテーマとは、「セルフエスティーム(自分を大切にする力)」「ストレスマネージメント(イライラを調整できる力)」「友だちの作り方」「対立の解消」「上手なグループ活動の進め方」です。この5つの力は、図のように、積み上げて育てていく必要があります。

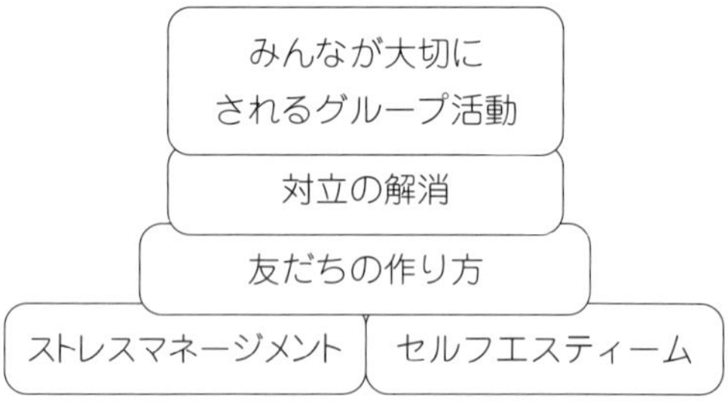

また、それぞれのシリーズに含まれる10のスキルは、基本的な行動に注目したスキルから気持ちや考え方のスキルへと発展しています。

カードの表面のイラストには、トピックに関係する様々なしかけが含まれています。

例えば、「ストレスマネージメント」では、学芸会で舞台に立つ前に「深呼吸」をしている絵が、基本のアンガーマネージメントのスキルになっていますが、「考え方」のストレスマネージメントとしては、「マイナス志向は気にしない」というものもあり、物事を前向きに解決カしていくスキルを紹介しています。カードの裏面には、そのスキルがなぜ必要なのか、どんな場面で役立つのかを解

表情ポスター

表情カード

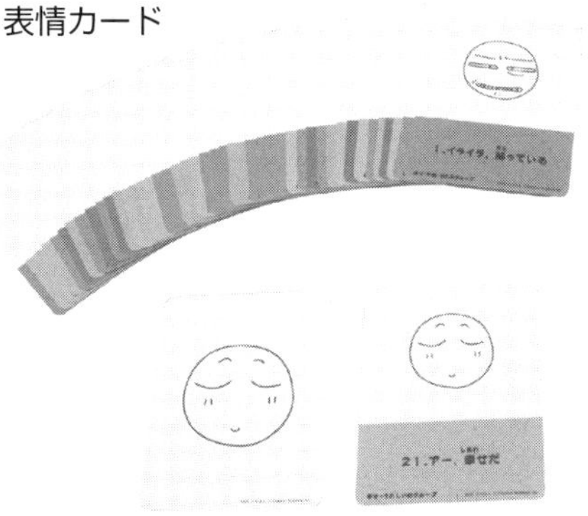

表情マグネット

表情シート

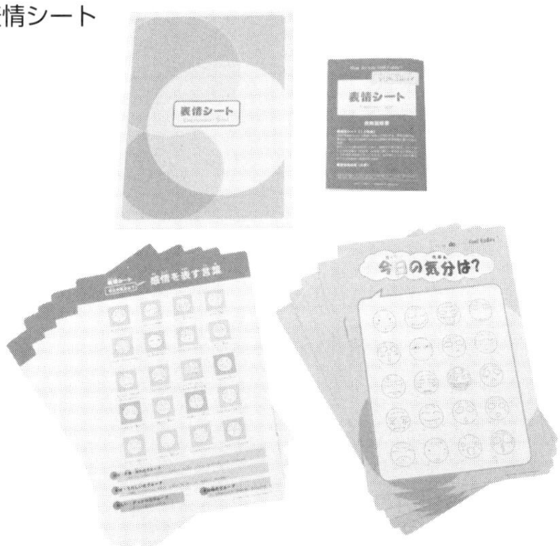

SST カード

★上の教材の発売元は、(株) クリエーションアカデミーです。

詳しくは、http : //www.meltcom.co.jp をご覧いただくか、TEL 03－3974－6123 にお問い合わせください。

説してあり、生徒との対話例も乗せてあります。指導者は、裏の説明を使いながらこのカードに含まれている大切な要素を伝えていくことができます。

このように、「SSTカード」では、大切なスキルを伝えながら、それらを日常生活と関係づけていきます。カードは、大切なトピックを伝えたい場合は朝の会で短時間に活用しますが、道徳の時間や学級会などで実施するときは、トピックを活用できる活動を組み合わせて行います。

「SSTカード」を使ったワークは、第2章の68～71頁、89～90頁に掲載してあります。第3章には、「友だちの作り方」を使った実践を紹介してありますので、参考にしてください。

コミュニケーションを育てる市販の教材について

SSTボードゲーム

ボードゲームは、「SSTカード」の50のスキルを日常場面で活用しやすくするために開発しました。簡単に言うと、すごろくのようなボードに書かれたコマを進みながら、ところどころに山積みした質問カードにしたがって、問題解決型の指示をこなしていくというシミュレーションゲームです。自然に様々な判断やトレーニングを経験するようにつくってあります。

「なかよしチャレンジ」「フレンドシップアドベンチャー」の2種類があります。

小学校低学年用の「なかよしチャレンジ」は、学校の中や、登下校中、休日に起こる様々な出来事やトラブルなどが山積みしたカードにふくまれています。

学校内の場面には「授業中」「給食・掃除」「休み時間」があり、学校外の場面には登下校や休日の場面が設定してあります。

それぞれの質問カードは50枚ずつあり、その中に「SSTカード」で紹介している50のスキルがレベル別にちりばめられています。

低学年用なので、回答例を載せ、3つの答えから適切な行動や考え方を選んでもらいます。1つは子どもがよくしそうな行動、1つは基本的なスキル、もう1つは相手の立場や関係性を発展させられるような回答です。

この活動で大切なのは、単に正しい行動を教え込むのではなく、自分の行動がどのような事態を招くことになるかの行動予測をさせたり、出来事の因果関係を考えさせたりすることです。ですから、誤った行動の答えを選んだ場合でも、まずは受容した上で、「それをしたらどうなるか」を子ども自身に考えさせます。

第2章83頁～87頁に実践例があります。

「フレンドシップアドベンチャー」は、小学校高学年から中学生向きです。回答例は載せてありません。問題場面を自分で理解し、行動を決めるという「向社会的判断」の力を養うためです。

200枚の質問カードの設問に含まれているのは、様々な場面において「向社会的判断」を実践するときに必要になる心構えです。ボードには「勇気」「自信」「自分も人も大切にする気持ち」「忍耐」「自分らしさ」が5つの島が描かれています。そして、それぞれの島を一巡りする間に出会う様々な課題を解決していくうちに、どんな場面でどんな判断をしてどのようなスキルを用いればいいのかを体験できるようになっています。クラスで一斉に同じ島を制覇するようにしてもよいですし、自分の課題がわかっていれば、自分の課題の島に進むこともできます。

第3章138頁から、小学校6年生への実践が紹介されています。

あとがき

前著『キレやすい子の理解と対応』では、なぜキレるかについて「認知」と「感情」に焦点を当てて解説し、ワークを紹介しましたが、本書では、「なぜキレるのか」を脳の機能から考える視点を加えました。また、「感情」「道徳性」「ソーシャルスキル」の3つの視点から、それぞれの発達段階に合うワークや教材を紹介しました。使い勝手はいかがでしょうか。

ソーシャルスキル教育は、「はじめにアセスメントありき」です。実施しようとする子どもや学級の状況を見立てた上で、その子や学級に合ったプログラムを作成することが大切です。的確なアセスメントがあれば、市販されている様々なグループワークのプログラムが効果的に活用できるからです。また、プログラム実施中には、必ず子どもたちが成長するポイントがあります。見逃さないようにしてください。それは、一見活動が停滞していたり、生徒たちがばらばらになりそうなときに現れます。「今までのやり方ではうまくできない」「イライラする」というときこそが、新しいスキルを学習する最大のチャンスなのです。つまずきや葛藤をていねいに拾いながら、子どもたちに必要な要素を伝えてください。

ソーシャルスキルは、他の教科の学習スキルと同様、日々の練習が大切です。年間の授業プランを立てるときに、意図的にソーシャルスキル教育を意識し、話し合って判断したり協力し合ったりする活動場面を多く取り入れることで、「潜在的カリキュラム」として通常の授業に活かすことをお勧めします。特に、学級活動に時間をとりにくい中学校や高校の場合には、「潜在的カリキュラム」を授業に盛り込み、学年の教科担当の先生方とチームで実践すると効果が得やすいでしょう。

第3章で、学級での実践をご紹介くださった荒川先生、伊藤先生、門原先生も、ソーシャルスキル教育として確保できる数少ない授業時間を駆使しながら、年間を通じて実践を続けていらっしゃいます。実践事例の中で、それぞれの先生方がクラスをどのように見立て、プランを作成されたかをじっくり追体験してみてください。先生方の学校における今後の展開が楽しみです。

アンガーマネージメントは、生徒のみならず、教員の「逆ギレ予防」や、非行や犯罪の再犯予防にも導入されるようになってきました。著者も、矯正教育施設での研修に呼ばれることが増えています。今後は、個別のアンガーマネージメントプランの実践事例が増えるかもしれませんが、様々な展開の可能性に対して協力していきたいと思っています。

最後に、本書を読まれた先生方が実践しやすいようにとワークシートの製作協力をしてくださったクリエーションアカデミーのスタッフの皆さま、先生方の立場に立って原稿を読み返しながら構成に助言をいただきましたほんの森出版の兼弘さんに心よりお礼を申し上げます。

2007年6月

本田　恵子

● ● ● 著者紹介

本田恵子（ほんだ　けいこ）

早稲田大学教育学部教授
公認心理師・臨床心理士・学校心理士・特別教育支援士SV
アンガーマネージメント研究会代表

中学・高校の教師を経験したあと、カウンセリングの必要性を感じて渡米。特別支援教育、危機介入法などを学び、カウンセリング心理学博士号取得。
帰国後は、スクールカウンセラー、玉川大学人間学科助教授等を経て現職。学校、家庭、地域と連携しながら、児童・生徒を包括的に支援する包括的スクールカウンセリングを広めている。
2000年代になってからは、矯正教育の専門家を対象としたアンガーマネージメント研修の講師なども務め、学校やカウンセリングの現場、特別支援教育や療育に欠かせない、子どものためのソーシャルスキル・トレーニングの教材開発にも取り組んでいる。

主な著書に、『キレやすい子の理解と対応』（ほんの森出版、2002年）、『脳科学を活かした授業をつくる』（みくに出版、2006年）、『キレやすい子へのアンガーマネージメント』（ほんの森出版、2010年）、『いまじんどうなる？　どうする？』（監修、梧桐書院、2013年）、『いまじん２わくわくたんけん』（作、梧桐書院、2014年）、『先生のためのアンガーマネージメント』（ほんの森出版、2014年）、『インクルーシブ教育で個性を育てる　脳科学を活かした授業改善のポイントと実践例』（梧桐書院、2014年）、『改訂版　包括的スクールカウンセリングの理論と実践』（編、金子書房、2019年）がある。

「アンガーマネージメント研究会」連絡先　http://anger-management.jp

● ● ● 執筆協力してくださった先生方

第３章第３節実践１
荒川　信行　東京都世田谷区立東玉川小学校主任教諭

第３章第３節実践２
伊藤　裕子　東京都品川区立第二延山小学校教諭

第３章第３節実践３
門原眞佐子　岡山県総合教育センター指導主事
臨床心理士・学校心理士

キレやすい子へのソーシャルスキル教育

教室でできるワーク集と実践例

2007年 7 月15日　初　版発行
2019年 7 月 1 日　第 5 版発行

著　者　本田恵子
発行人　小林敏史
発行所　ほんの森出版

〒145-0062　東京都大田区北千東 3 -16-11
☎03-5754-3346　　FAX　03-5918-8146
ホームページ　https://www.honnomori.co.jp
印刷・製本所　電算印刷株式会社

ISBN 978-4-938874-61-2 C 3037